Altenholz
in alten Ansichten Band 2

von Britta Gaude

D1734855

Europäische Bibliothek

ZALTBOMMEL/NIEDERLANDE

DIE DAMALS REIHE

D ISBN 90 288 6494 6

© 1997 Europäische Bibliothek – Zaltbommel/Niederlande

Einleitung

Im Dezember 1979 kam der erste Band 'Altenholz in alten Ansichten' heraus. Er war schnell vergriffen. Daher bat mich der Verlag schon seit vielen Jahren, einen zweiten Band zu erstellen. Der liegt nun vor. Nachdem der erste Band einen grünen Einband hatte, schlug ich für den zweiten Band einen gelben vor. Damit versuche ich die Wappenfarben der Gemeinde Altenholz zu berücksichtigen, die einen grünen Eichenbaum im gelben Feld zeigen.

Zwanzig Altenholzer Bürger und auch auswärtig lebende, ehemalige Altenholzer haben mich beim Sammeln der alten Bilder tatkräftig unterstützt, so daß ich gar nicht alle Bilder vorstellen kann; ich mußte eine Auswahl treffen. Das fiel mir recht schwer! Allen Helfern möchte ich sehr herzlich danken. Das zeitaufwendige Bildersammeln zog sich von Februar bis September 1997 hin. Dank gilt auch Bürgermeister Horst Striebich, der meine Arbeit hilfreich unterstützte.
Die Fotoqualität der alten Bilder ist nicht mit der unserer heutigen Bilder zu vergleichen. Das sollte der Leser beim kritischen Durchsehen berücksichtigen.

Der Zeitrahmen der Bilder überdeckt etwa fünfzig Jahre, von etwa 1880 bis 1930. Viele Menschen auf den Fotos sind längst verstorben. Wir kennen sie aber aus Erzählungen.

Die Gebäude sind auch größtenteils abgerissen oder umgebaut. Ganz wenige kann man heute noch erkennen. Um die einzelnen Bilder für die vielen zugezogenen Bürger auffindbarer zu machen, habe ich jeweils hinter die Nummer des Bildes die heutige Adresse gesetzt, da ein Übersichtsplan in dieser Buchreihe nicht vorgesehen ist.

Das Gemeindeareal umfaßt ein Gebiet von etwa 20 km². Die Einwohnerzahl darin hat sich von 1880 bis 1933 von 665 auf 805 Einwohner erhöht. Durch die immense Bautätigkeit in den sechziger Jahren und den folgenden Bauperioden ist die Einwohnerzahl auf über 10 000 gestiegen. Die Folge davon sind starke Veränderungen und Eingriffe in die Landschaft, die irreparabel sind. Aus der ehemals ländlich strukturierten Bauerngemeinde ist nach stürmischer Bauentwicklung eine beliebte Stadtrandsiedlung von Kiel geworden, die hoffentlich in baulichen Grenzen gehalten wird.

Die Oberflächenform der Gemeinde Altenholz ist durch die letzte Eiszeit geprägt, die Geschiebematerial von den skandinavischen Gletschern hinterließ. Auf dieser fruchtbaren Jungmoränenlandschaft siedelten seit dem Mittelalter erneut Menschen. Auf dem Gemeindeareal sind verschiedene Siedlungszellen erkennbar. Hauptanteil an der Siedlungsentwicklung aber haben drei Güter. Es sind dies Knoop, Projensdorf und See-kamp/Stift.

Keimzelle der mittelalterlichen Siedlungsentwicklung war der ehemalige Adelssitz Knoop, der 1322 erstmalig erwähnt wurde. Eng verbunden mit dem Gut war das Dorf – bei uns ist es das Dorf Klausdorf, das 1440 erstmalig genannt wurde. Es war eine planmäßige Anlage und als Straßendorf konzipiert, in dessen Mittelpunkt der Dorfteich lag. Zu beiden Seiten der Nord-Süd-Straße lagen je sechs Bauernstellen, so daß das Dorf von ehemals zwölf Höfen besetzt war. Nach Aufhebung der Leibeigenschaft 1805 wurden nach und nach vier Höfe in die Gemarkung aus-gesiedelt, so daß im Dorf acht Vollhufenstellen verblieben. Von allen acht Höfen liegen in diesem Band Bilder vor. Sechs Höfe lagen auf der östlichen Straßenseite und zwei Höfe auf der westlichen. Die vier Aussiedlerhöfe sind Flur, Postkamp, Kubitz-berg und Langenfelde.

Geschäftsleute, Handwerker und Landarbeiter besiedelten die frei gewordenen Flächen der ehemaligen Hufenstellen an der westlichen Straßenseite. Auch vom Gut Knoop wurde der Mei-erhof Friedrichshof abgelegt, da die Hoffelder vom Haupthof zu weit entfernt lagen. Landarbeiterkaten des Meierhofes Fried-richshof und kleinere Handwerksbetriebe siedelten in dem Ortsteil Altenholz. Das war die südliche Verlängerungsachse des Straßendorfes Klausdorf. Nach diesem Ortsteil erhielt unsere Gemeinde 1933 ihren Namen. Der Name Altenholz deutet auf ein großes Waldgebiet. Dieser Wald wurde durch eine dort lie-gende Ziegelbrennerei verheizt und ist damit verschwunden.

Das Gut Projensdorf mit seiner Ersterwähnung 1378 hat einen ziemlich geringen Flächenanteil am Gesamtgemeindeareal, da die große Dorfgemarkung beim Bau des Kaiser-Wilhelm-Kanals durchschnitten wurde und damit zum Kieler Stadtgebiet kam. Das Gut Stift ist erst 1791 gebildet und an den heutigen Platz verlegt worden. Der Grund für die Verlegung war die Auflösung des Gutes Seekamp. Die Gutsflächen wurden parzelliert und an die Bauern von Holtenau, Pries und Schilksee unter bestimmten Auflagen verteilt. Ein Resthof verblieb und wurde der Stammhof der Grafen Schack zu Schackenburg. Das war die Geburtsstunde des Gutes Stift.

Dieser Bildband folgt in seinem Aufbau dem chronologischen Siedlungsgeschehen, das mit dem Gut Knoop und den sich dar-aus entwickelnden Siedlungsstrukturen wie Dorf, Meierhof, Einzelhöfe und Ausbauten ergab. Es schließt sich das Gut Pro-jensdorf mit seiner Schule und das Gut Stift mit seinen verschie-denen Funktionshäusern sowie seiner Aufsiedlung an. Der Bild-band endet mit Fotos von den beiden Kanälen, dem Bahnbau und dem Fort Herwarth.

Britta Gaude

1 Gut Knoop.

Aus den zwanziger Jahren stammt dieses Foto mit der Hofansicht vom Herrenhaus des Gutes Knoop. Den Entwurf für diesen gelungenen, klassizistischen Bau zeichnete der junge, dänische Architekt Axel Bundsen im Jahre 1792. Auftraggeber war der Reichsgraf Heinrich Friedrich von Baudissin, der mit der Tochter Caroline des Reichsgrafen Heinrich Carl von Schimmelmann verheiratet war. Das Gesamtareal des Gutes Knoop betrug etwa 1 382 ha. Die alte Wasserburg, die links vom neuen Herrenhaus in der Niederung zur Levensau lag, wurde abgebrochen. Hier stand auch der mittelalterliche Kleinadelssitz des Ritters Lupe de Knope, der 1322 erstmalig urkundlich erwähnt wurde. Im 16. Jahrhundert erbauten die Rantzaus hierauf eine größere Inselburg mit zwei vollausgebauten Geschossen. 1707 entstand dort ein Neubau an gleicher Stelle, der heute eingeebnet ist. Auf dem zugeschütteten Graben liegt der linke Teil des neuen Herrenhauses, der als Bild vor uns liegt.

2 Gut Knoop, Kavalierhäuser.

Diese beiden spätbarocken Kavalierhäuser, die den westlichen Abschluß des Hofareals des Gutes Knoop bilden, baute Carl Gottlob Horn 1783 für die Baudissins. Er stand seit 1756 in Diensten des Schatzmeisters Graf Heinrich Carl Schimmelmann, dessen Baumeister er wurde. Er baute unter anderem das Wandsbeker Schloß mit Grabkapelle für die Schimmelmanns sowie das Gutshaus von Emkendorf für die Reventlows. Die zwei eingeschossigen Backsteinbauten tragen ein Walmdach. Eine besondere Betonung liegt auf dem zweigeschossigen Mittelrisalit mit rustikaartiger Wandgliederung. Sie dienten damals zur Unterbringung der vielen Gäste der Baudissins. Danach wohnte dort Gutspersonal wie zum Beispiel Verwalter und Inspektor.

Heute sind die Häuser zu Wohnungen umgebaut und werden vermietet. Das Foto stammt aus den zwanziger Jahren.

3 Gut Knoop, Kutschhaus.

Das Foto aus dem Ende des 19. Jahrhunderts zeigt das Kutschhaus des Gutes Knoop, das dem Herrenhaus genau gegenüberliegt. Ingward Martin Clausen erbaute es 1888, wie es die Initialen am Mitteltrakt zeigen. Der Pferdekopf deutet die Funktion des neuen Bauwerks an, das zusätzlich mit Uhr und einer Glocke im Turm ausgestattet ist. Im vorderen Teil des Pferdestalles standen die Kutschpferde für die Ausfahrten der Herrschaft, im hinteren Teil die Ackerpferde. Unter dem Dach lag der Kornspeicher, auf dem die Knooper Schulkinder nach dem Vogelschießen im Juni tanzten.

Links neben dem Kutschbau befand sich das riesige Kuhhaus, ein Neubau aus dem Jahre 1887. Ein vierspänniger Wagen mit Kutscher und drei jungen Damen darin steht kurz vor der Ausfahrt. Vermutlich sind es die Töchter von I. M. Clausen. Seit 1869 war er der neue Besitzer des Gutes. Er hatte in Mexiko und im amerikanischen Bürgerkrieg viel Geld verdient, so daß er den Kauf des Gutes Knoop und die Umbauten leicht bezahlen konnte. Er war dreimal verheiratet und hatte siebzehn Kinder. Das Kutschhaus steht nicht mehr. Es wurde 1944 durch eine Luftmine zerstört.

4 Gut Knoop.

Das Foto von 1903 zeigt den mit Fahnen und Girlanden geschmückten Eingangsbereich des Gutes Knoop. Auf der Brücke heißt ein Schild die neuen Besitzer Hirschfeld herzlich willkommen. Sie sind die Nachfolger von Ingward Martin Clausen, der hochbetagt 1902 gestorben war. Der Bremer Tabakkaufmann Richard Hirschfeld hatte den Haupthof Knoop mit 415 ha und den Meierhof Friedrichshof mit 447 ha, also ein Gesamtareal von 862 ha für 1 725 000 Mark gekauft. Er starb schon 1916, so daß seine Frau Magdalene den Betrieb weiterführen mußte. Der Hoferbe Richard

fiel im Ersten Weltkrieg, der nachfolgende Bruder Otto im Zweiten Weltkrieg. Heute bewirtschaftet Gerhard Hirschfeld, der Sohn von Otto, das Gut in der dritten Generation. Das Foto zeigt die

Einfahrt zum Gut über die Brücke, auf dessen Weg man direkt auf die beiden Kavalierhäuser zufährt. Eines liegt auf der Sichtachse. Auf der rechten Seite reihen sich die Wirtschaftsgebäude, die von links

den Kuhstall, das Kutschhaus, den Speicher und die Scheune zeigen.

5 Knooper Dorfstraße.

Der Schmiedegeselle Georg Struck vom Gut Knoop diente um 1908 im Garde du Corps in Potsdam. Das war eine berittene Gardetruppe zur persönlichen Bewachung des Kaisers. Zum Gardekorps zählte auch das 1. Kürassier-Regiment in Potsdam, zu dem Georg Struck gehörte, der sich nun hier in Paradeuniform präsentiert. Der Küraß ist der rote Brustharnisch, der zum Schutz des Oberleibes aus Brust- und Rückenschild besteht. Auf dem Brustschild sitzt der schwarze Adlerorden mit achteckigem Stern und schwarzem Adler, der vom Wahlspruch des preußischen Königs Friedrich I. – suum cuique = jedem das Seine – eingefaßt ist. Das Bandelier hängt als breiter Schulterriemen über dem Oberkörper. Der schwere Degen ist der

Pallasch. Er ist die 1 m lange Hieb- und Stichwaffe der Kürassiere. Zum Schutz des Trägers dient der Paradehelm, der rechts auf dem Tisch steht. Ihn ziert vorn der schwarze Adlerorden. Als Helmzier fungiert hier der Adler als Symbol der weltlichen Herrschaft. Reitstiefel mit Sporen, weiße Stulpenhandschuhe und Umhang vervollständigen die Uniform. Georg Struck verstarb 1916, so daß er die Knooper Schmiede nicht übernehmen konnte.

6 Klausdorfer Straße, Dorfteich.

Eine Postkarte von 1930 zeigt den Mittelpunkt des Dorfes, den Dorfteich. Bei der planmäßigen Anlage des Straßendorfes war seine zentrale Lage bestimmend für die Lage der einzelnen Bauernstellen. In früherer Zeit diente der Teich als Tränke für die Tiere und auch als Wasserreservoir für die Feuerwehr. Auch zum Reinigen der Räder größerer Bauernwagen wurde er benutzt, wie das Foto zeigt. An diesem zentralen Platz hatten sich auch Kaufleute, Handwerker und eine Gastwirtschaft niedergelassen. Das große Haus mit dem weißen Zickzackband zwischen den Geschossen war das Kolonialwarengeschäft von Julius Schröder. Rechts daneben befand sich seine Schmiede. In dem großen Haus links, das durch den Baum verdeckt ist, hatte Robert Kruse sein Geschäft und seine Kohlenhandlung. Ganz links ist die Giebelfront des Altenteilerhauses vom ehemals Kahl'schen Hof sichtbar. Dort lebte die Witwe Anna Loeck.

7 Klausdorfer Straße 94.

Dieser Meyer / Thoms'sche Hof zeigt schon seit etwa 1890 die moderne Aufteilung in ein Wohnhaus, das der Straße zugewandt ist, und in ein Wirtschaftsgebäude, das sich im hinteren Teil der Bauernstelle befindet. Der Besitzer Johann Meyer dieses 34 ha großen Hofes fiel im Ersten Weltkrieg. Seine Witwe Helene geborene Ströh heiratete in zweiter Ehe Hugo Thoms, der den Betrieb stellvertretend für die Tochter aus erster Ehe, Hermine Meyer, sehr erfolgreich weiterführte. In den Jahren 1941-1957 leitete Hugo Thoms die nebenamtliche, dörfliche Genossenschaft als Rendant. Das Fenster seines Büros ist an der Schmalseite des Hauses links zu finden. Er führte den Hof bis zu seiner Auflösung, weil die Ländereien Bauland wurden. Auch die Hofgebäude wurden abgerissen. Auf dem Fundament des alten Wohnhauses ließ die Erbin der ehemaligen Hofstelle, Hermine Meyer verheiratete Jens, ein rotes Backsteinhaus errichten. Dort wohnte sie mit ihrem Mann, dem Landwirt Jens aus Scharnhagen, bis zu ihrem Tode 1988. Heute lebt eine Enkelin von ihr darin.

8 Lindenallee.

Am 1. März 1913 gab es ein Großfeuer in Klausdorf. Das Bauernhaus von Peter Dohrn brannte vollständig nieder. Da halfen auch die Löschversuche der Feuerwehrleute nicht mehr. Das mächtige Reetdach brannte wie Zunder. Erkennbar sind die Ausmaße des Daches an der Höhe des Schornsteins in der Bildmitte. Noch im gleichen Jahr baute Peter Dohrn ein neues Haus und pflanzte an die Auffahrt zum Hof Linden. Von diesen sind noch einige erhalten. Sie gaben der um 1970 neu gebauten Straße den Namen Lindenallee. 1917 übernahm der Schlachtermeister Hermann Kahlert aus Pries den etwa 36 ha großen Hof. Er nutzte nur die Ländereien als Viehweiden, den Hof baute er zu Wohnungen um, die er vermietete. Mit der Neubautätigkeit in den siebziger Jahren gab es Pläne, aus dem Bauernhaus ein Jugend- oder Seniorenheim zu machen. Es verfiel aber zusehends und wurde abgebrochen, um neuen Bauparzellen zu weichen.

9 Klausdorfer Straße 104a-d.

Eine Gedächtniszeichnung fertigte Karl Homfeldt von der Räucherkate seines Vaters Christian an. Dieser hatte das niederdeutsche Fachhallenhaus 1907 mit einem Restgrundstück von 5,7 ha übernommen. Der ehemals 34 ha große Hof gehörte zuvor dem Hufner Heinrich Friedrich Kahl. Dieser verunglückte sehr jung, so daß die Ländereien verkauft wurden. Es verblieb der Resthof, dessen Hofland der Gärtner Christian Homfeldt als Gartenland nutzte. Das Haus benutzte er als Räucherkate, in der er eine Lohnräucherei betrieb. Herzstück war dabei der gemauerte Schwibbogenherd mit einer zweiteiligen, offenen Feuerstelle. Diese Herdform, die an der Rückwand des Wirtschaftsteiles lag, setzte sich um die Mitte des 19. Jahrhunderts aus feuerschutztechnischen Gründen immer mehr durch. Die Fleischwaren hingen zum Räuchern an den Dachbalken. Auf unserem Bild sehen wir allerdings in eine leere Grotdeel. Die Seitenschiffe für das Vieh rechts und links sind nicht mehr offen, sondern durch Wände abgeteilt. Der Wohnteil des Hauses ist über die beiden Türen der Hinterwand erreichbar.

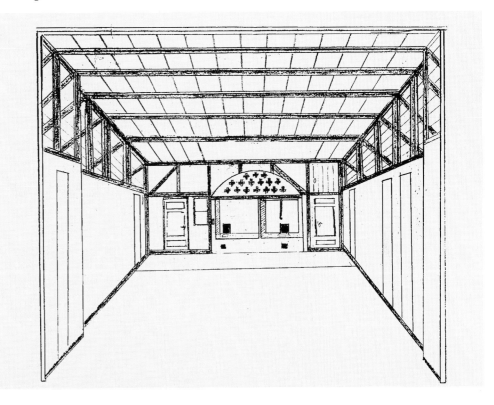

10 Klausdorfer Straße 100.

In der zweiten Hälfte des 19. Jahrhunderts, als die Hufner aus dem Erbpachtverhältnis in den Eigentümerstand kamen, wuchs ihr Interesse an einem prosperierenden Hof beträchtlich. Sie erwirtschafteten nun soviel, daß es ihnen möglich wurde, für die Altbauern, die ursprünglich mit auf dem Hof wohnten, ein eigenes Haus an der Straße, wo es viel zu sehen gab, zu bauen. So ein Altenteilerhaus, das ehemals zum Hof Kahl / Homfeldt gehörte, zeigt dieses Foto. Auf dem Bild von etwa 1914 steht die Besitzerin Anna Loeck in Trauerkleidung in der Tür. Anna war in erster Ehe kinderlos mit dem Hof-

besitzer Heinrich Friedrich Kahl verheiratet, der sehr jung tödlich verunglückte. In zweiter Ehe heiratete sie Jürgen Loeck, mit dem sie nun in dem Altenteilerhaus wohnte. Er starb 1913. Sie hatten eine

Tochter Christine. Nach dem Tod von Anna Loeck 1934 wechselten die Besitzer mehrfach. Nach dem Tod des letzten Eigentümers Adolf Fengler wurde das Haus 1996 abgerissen, da sich kein Käu-

fer für dieses Kleinod fand. Auf dem Grundstück entstehen jetzt vier Reihenhäuser.

11 Klausdorfer Straße 100.

Christine Loeck, die Tochter von Anna und Jürgen Loeck, wuchs als Einzelkind in dem Altenteilerhaus auf. 1923 heiratete sie den Dorfschmied Hermann Vermehren aus Pries, mit dem sie drei Kinder hatte. Das Foto vom Frühjahr 1926 zeigt die stolze Mutter mit ihrem ältesten Sohn Hans Jürgen im hochrädrigen Kinderwagen. Er sitzt schon im Wagen warm zugedeckt von einer Häkeldecke, die dekorativ über ihm liegt. Der Wagen steht auf der Zuwegung zum Altenteilerhaus. Christine Vermehren starb 77jährig 1976 in Flintbek, wo sie von ihrer Tochter Ilse Goerke liebevoll gepflegt wurde. Im Hintergrund erkennt man das Kolonialwarengeschäft Schröder (heute Radio Freitag) und rechts daneben die Dorfschmiede Schröder (heute 'Zipfelmütze').

12 Klausdorfer Straße 108.

Auf dem Foto von 1899 stehen der Hofbesitzer August Dieckmann und seine Frau Wilhelmine geborene Grotkopp mit sechs ihrer Kinder – der älteste Sohn fehlt – und Gesinde auf der Zufahrt zum Hof, die direkt am Dorfteich vorbeiläuft. Der Dorfteich ist an dieser Seite mit einer Findlingsmauer abgestützt. Das Wohnhaus ist gerade neu errichtet. Das alte Bauernhaus wurde genau am Einweihungstag des Kaiser-Wilhelm-Kanals am 21. Juni 1895 von einem Blitzschlag getroffen und brannte vollständig nieder. Keiner war zuhause, da alle zu den Einweihungsfeierlichkeiten gegangen waren. Das neue Wohnhaus und die Scheune wurden 1895/96 mit dem Holz gebaut, das für die Tribünenplätze zur Kanaleinweihung in Holtenau ver-

arbeitet worden war. In diesen Abrißhölzern sind noch die Eingravierungen der Platznummern erhalten. 1920 übernahm die Familie Reise den Hof, den sie zwei Generationen bis 1957 hielt. Danach

bewirtschaftete Hermann Ulrichs die Bauernstelle und gab sie 1985 an seinen jüngsten Sohn Jesko weiter. Dies ist der letzte unversehrte Hof des ehemaligen Bauerndorfes Klausdorf. Alle anderen Höfe

fielen der Bebauung, wie sie in den Umlandgemeinden von Kiel einsetzte, zum Opfer.

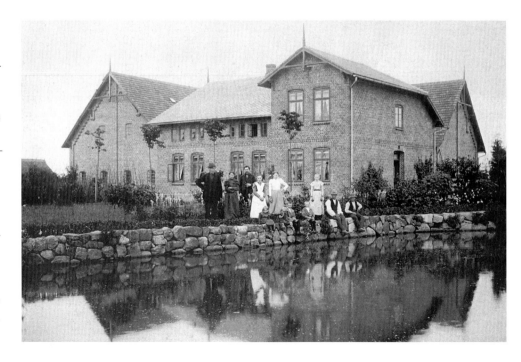

13 An der Feuerwache 13, 14.

Im Flaggenschmuck zeigt sich hier der etwa 35 ha große Hof von Johann Meyer. Er feierte mit seiner Frau Magdalena geborene Kähler 1928 das Fest der Silbernen Hochzeit. Das 31 x 13 m große niederdeutsche Fachhallenhaus, dessen ganze Größe auf dem Foto nicht zu erkennen ist, hatte einen späteren rechtsseitigen Anbau, der als Kuhstall genutzt wurde. Die Grotdör öffnete sich nach Westen zur Dorfstraße hin. Über ihr war eine besondere Zierform angebracht. Es war eine Raute, durch die ein Andreaskreuz geführt wurde. Zwischen den Hölzern waren Ziegelsetzungen in Besenform erkennbar. Diese Schmuckform heißt Wodansauge oder Bauerntanz und tritt seit der Mitte des 18. Jahrhunderts auf. Im Februar 1973 wich dieses Gehöft dem Baudruck der Gemeinde. Es wurde von der örtlichen Feuerwehr und Nachbarwehren im Rahmen einer Übung warm abgebrochen. Vielen Altenholzern ist die hohe, schwarze Rauchfahne noch in deutlicher Erinnerung.

14 An der Feuerwache 13, 14.

Vor ihrem Hof steht das Silberhochzeitspaar Johann Meyer und Magdalene geborene Kähler in Festkleidung. Sie trägt der Ehre des Tages entsprechend eine silbern Krone im Haar, er am linken Revers ein silbernes Blatt. Sie waren kinderlos. Damit endete die seit 1803 ununterbrochen bestehende Besitzerfolge der Meyer-Familie. Hoferbe wurde in den dreißiger Jahren Otto Siegert. Er war der Sohn von Magdalenes Schwester und wurde von dem Ehepaar Meyer großgezogen, um später Hofnachfolger zu werden. 1937 heiratete er Henni Colmorgen und hatte mit ihr drei Kinder. Sein Sohn Rolf verkaufte dann den Hof mit allen Ländereien, als die Neubautätigkeit in Klausdorf um 1970 einsetzte.

15 Klausdorfer Straße 128.

Der nördlichste Hof des Dorfes war die etwa 37 ha große Hufe Rathje/Horn. Dort befindet sich heute das Pastorat des Pfarrbezirkes Klausdorf. 1873 verunglückte der junge Hofbesitzer Carl Hinrich Rathje tödlich. Seine Frau Margarethe geborene Horn gebar am Ende des Jahres 1873 eine Tochter Marie. Die Witwe heiratete ein zweites Mal und zwar Claus Christian Horn aus Meimersdorf. Aus feuertechnischen Gründen baute er das alte Fachwerkhaus auf Brandmauer um. Der steile, aufgemauerte Giebel erhielt dabei die auffällige, zapfenförmige Verzierung. Über der Grotdör ist eine weiße Gedächtnistafel an Carl Hinrich Rathje eingelassen, auf der geschrieben stand: 'Gott mit uns! Rathje.' Nach der Volljährigkeit von Marie

Rathje 1894 übernahm sie den Hof, heiratete 1902 Johann Horn und hatte mit ihm zwei Kinder. Sohn Hermann übernahm 1936 den Hof, und dessen Sohn Hans-Joachim führte ihn ab 1960

weiter. Auch er wich dem Baudruck. 1976 verkaufte er an die evangelische Kirche seine Hofstelle, die es zum Pastorat umbaute. Es ist jetzt als das 'Meta-Labrenz-Haus' benannt. Bildbeherrschend ist

die 350 Jahre alte Linde mit ihrer Höhe von 25 m bei einem Stammumfang von 4 m.

16   Klausdorfer Straße 128.

Hier feiert Magda, die einzige Tochter von Johann Horn und Marie geborene Rathje, 1931 ihre Hochzeit mit Adalbert Reise, dem Hofbesitzer des späteren Ulrichs'schen Hofes. Die Hochzeitsgesellschaft hat vor der Grotdör Aufstellung genommen für das obligate Erinnerungsfoto. In der Mitte sitzen die Braut und der Bräutigam. Vor ihnen steht das Blumen streuende Kinderpaar Ilse Vermehren und Gerd Schröder. Links neben der Braut sitzen ihre Eltern Marie und Johann Horn und auf der Seite des Bräutigams seine Eltern Frieda und Adolf Reise. Es folgen nach rechts der Musiker Robert Pickert und der Wachtmeister Hans Schleth in Uniform. In der zweiten Reihe stehen, von links: Onkel Horn, Ursula Dieckmann, Emmi Schnoor, Wilhelmine Keßler (später Rubin), ?, Fritz Dieckmann, Heinrich Dieckmann, Hermine Jens, Fritz Keßler, Ella Rixen, Pastor Olsen, Herr Kersig aus Kiel, ?, Hermann Horn (der Bruder der Braut) und August Lendle. Der große Herr mit Schnurrbart in der letzten Reihe ist der Schmied Johann Repennig.

17 Klausdorfer Straße 126.

Am 1. April 1908 feierte der Gemeindevorsteher Claus Horn sein 25jähriges Dienstjubiläum, das heißt, er hatte dieses Amt erstmalig am 1. April 1883 angetreten. Nach der Verordnung der Landgemeindeverfassung der neuen preußischen Provinz Schleswig-Holstein vom 22. September 1867 wurde der Gemeindevorsteher jeweils für sechs Jahre von den Gemeindeverordneten gewählt. Claus Horn stand zu diesem Zeitpunkt in seiner sechsten Legislaturperiode. Gewählt wurde nach dem Dreiklassenwahlrecht, das in Preußen zwischen 1849 und 1918 galt. Danach wurden alle Stimmberechtigten nach Maßgabe der von ihnen entrichteten Steuern in drei Klassen eingeteilt. Wer hohe Steuern zahlte, verfügte über viele Stimmen, wer niedrige Steuern zahlte, hatte nur eine Stimme. Dieses Wahlrecht wurde nach dem Ersten Weltkrieg abgeschafft. Die Gemeindeverordneten trafen sich regelmäßig zur Versammlung im Gasthof Keßler. Dort entstand auch dieses Erinnerungsbild. Um den Tisch sitzen von links: Julius Schröder, Christian Dieckmann, August Dieckmann, August Meyer, Claus Horn, Heinrich Dieckmann, Peter Dohrn, Johannes Lütt, August Prall und Johann Friedrich Meyer.

18 Klausdorfer Straße 113.

Vor uns sehen wir eine ungewöhnliche Aufnahme eines niederdeutschen Fachhallenhauses von der Gartenseite. Die Fächer sind mit Ziegelsteinen ausgemauert, und das Halbwalmdach ist noch mit Reet bedeckt, Christian Dieckmann, der Eigentümer dieser 34 ha großen Hofstelle, steht hier im Obstgarten vor seinem Haus. Bis zu seinem Tode 1920 war der 71jährige verantwortlich für seine Bauernstelle. Da kein Erbfolger mehr da war, wurde der Hof verkauft. Er unterlag dann einem schnellen Besitzerwechsel. Im Sommer 1927 fiel auch das Haus in Schutt und Asche. Während eines Gewitters schlug der Blitz dort ein und fand in dem Reetdach reichlich Nahrung. Erst 1929 wurde der neue Hof mit dem kennzeichnenden Mansardendach wieder aufgebaut. 1934 übernahm die Familie Dreesen den landwirtschaftlichen Betrieb, der bis 1967 fortgeführt wurde. Aus Krankheitsgründen verkaufte Reinhard Dreesen seine Ländereien und baute das Haus zu Wohnungen für Vermietung um.

19 Klausdorfer Straße 113.

Zu einem großen Erinnerungsfoto ist hier Familie Dieckmann 1896 mit ihren sechs Kindern vom Wanderfotografen künstlerisch aufgestellt worden. Die Familie sitzt in Festkleidung vor der Grotdör, die mit einem Tuch verhängt wurde. Unterstützt wird der Eindruck der Atelieratmosphäre durch das gefältete Brokattuch an der linken Seite. Nur das Kopfsteinpflaster zu Füßen der Fotogemeinschaft zeigt uns die wahren Verhältnisse. Auf einem Parallelbild ist diese Unachtsamkeit des Fotografen ausgeglichen worden. Er überdeckte das Kopfsteinpflaster ebenfalls mit einem Tuch. Die Familie ist in einer Dreiecksposition aufgebaut. Vater Christian, der Bauer, und Mutter Margarethe, die Bäuerin, sitzen auf Stühlen. Die Kinder sind um sie wohl arrangiert aufgestellt. Von links sehen wir Johann, 1906 verstorben, Caroline, Dora, Helene, die im Dorf blieb und Robert Kruse heiratete, dann Berta, die den Lehrer Hans Struve heiratete, und Hans, der im Ersten Weltkrieg fiel.

20 Klausdorfer Straße 111.

Das Altenteilerhaus des Dieck-mann'schen Hofes zeigt die-ses Foto aus den zwanziger Jahren. Es wurde 1875 im Baustil der Zeit mit Mitteleingang und Frontispiz erbaut. Rechts hinter dem Haus lag der Stall, in dem sich Feuerung befand sowie die Toilette und die Waschküche waren. Da das Haus vom Altbauern nicht bewohnt war, zog die jüngste Tochter Berta des Bauern Christian Dieckmann dort ein. Diese hatte den Lehrer an der Klausdorfer Schule Hans Struve geheiratet. Er war 1910 an die Schule versetzt worden, wurde während des Ersten Weltkrieges eingezogen und kam schwer verwun-det von der Ostfront nach Hause. 1919 wurde er als 32jähriger entlassen, da er schuldienstunfähig war. Aufgrund der schweren Krankheit wurde die Ehe geschieden. Berta Struve zog mit ihren beiden Kindern Hans und Zita zeitweise zu ihrer älteren Schwester Helene Kruse.

21 Klausdorfer Straße 105.

Vor uns liegen die Gebäude des 37 ha großen Hofes von Heinrich Dieckmann, den er seit 1912 führte. Gegen Ende des 19. Jahrhunderts hatte sein Vater Heinrich Wilhelm Jacob Dieckmann die Hofanlage umgebaut. Er errichtete ein separates Wohnhaus und eine neue, große Scheune, die auf dem Fundament des alten Bauernhauses stand. Heinrich hatte zwei Söhne. Der ältere Sohn Fritz fiel im Zweiten Weltkrieg, der jüngere Sohn Bruno übernahm 1946 den Hof, verstarb aber schon 1953. Seine Frau Elisabeth geborene David führte den Betrieb solange weiter, bis Sohn Bernhard mit seiner Ausbildung fertig war. In diese Zeit fiel die große Bautätigkeit der Gemeinde. Daher wurden die Ländereien als Bauland verkauft. Geschwister von Heinrich Dieckmann waren die blinde Helene, nach der die Sonderschule benannt wurde, und Hermann, der in den fünfziger Jahren Kreispräsident des Kreises Eckernförde war.

22 Klausdorfer Straße 99.

Treffpunkt der Dorfbewohner von Klausdorf war Keßlers Gasthof. Hier kam man zusammen zum Austausch von Neuigkeiten aus dem Dorf. Die Nachrichtenbörse lief hier auf Hochtouren, denn die modernen Medien gab es noch nicht. Man war mit dem örtlichen Gedankenaustausch vollauf beschäftigt. Sogar der amtliche Bekanntmachungskasten hängt auf dem Foto an der linken Seite des Hauses aus. Eine Gig, ein leichter, offener, zweirädriger Wagen mit Gabeldeichsel, hält gerade vor der Gastwirtschaft. Ein Gast, der sich an eine der vier charakteristischen Linden lehnt, hält ein volles Bierglas in der Hand. Eine Frauengruppe in weißen Schürzen und eine Männergruppe an der Giebelseite blicken neugierig zum Fotografen, der ein Bild für die Herstellung einer neuen Postkarte machte. Postkartenschreiben war zu jener Zeit sehr beliebt, war es doch die einzige Möglichkeit, miteinander in Verbindung zu treten, wenn man sich auswärts aufhielt. Die beiden Fenster links neben dem Haupteingang lassen Licht in die Schankstube. Der Eingang ganz links am Bildrand führt in den Festsaal.

Kessler's Gasthof, Klausdorf b. Holtenau

23 Klausdorfer Straße 99.

Im Jahre 1874 erwarb der Weber Friedrich Wilhelm Keßler von dem Gutsherrn auf Knoop Ingward Martin Clausen drei Grundstücke, die dem Dorfteich gegenüber lagen. Auf diesen Besitzungen ließ er sämtliche Gebäude abbrechen und errichtete im Oktober 1875 statt dessen ein neues Wohnhaus mit Tanzsaal und ein Stallgebäude. Bis 1905 war er als Gastwirt tätig. Zu diesem Zeitpunkt übernahm sein Sohn Hermann den Gasthof, den er bis zu seinem Tode 1963 führte. Neben der Gastwirtschaft mit der attraktiven Kegelbahn betrieb er nebenbei eine kleine Landwirtschaft und war außerdem Bierverleger für die Schloßbrauerei Kiel. Er war Hauptlieferant bzw. Vertreter für das Bier im ganzen Dänischen Wohld. Zur Lagerung der Fässer stand ein großer Holzschuppen auf seinem rückwärtigen Grundstück. Auf dieser um 1920 gemachten Aufnahme stehen Sohn Fritz Keßler (rechts) und Ernst Grotkopp (links) vor diesem Riesenschuppen neben Fässern.

24 Keßlers Gasthof.

Zur Erinnerung an das 25jährige Dienstjubiläum des Gemeindevorstehers Claus Horn wurde am 1. April 1908 ein großes Fest im Gasthof Keßler gefeiert. Achtzig Personen nahmen daran teil, die sich hier zu einem Foto vor der Bühne im Saal aufstellten. Viele Klausdorfer halfen bei der Identifizierung der einzelnen Personen, wobei fünf Personen unbekannt blieben. Von unten links, 1. Reihe: Heinrich Dieckmann, Johannes Grotkopp, Willi Busch, Hans Dieckmann, Kapellmeister Hengsberg, Karl Holst, Julius Schröder, Heinrich Jessen und Ernst Vosgerau. 2. Reihe: Fr. Ch. Adolphsen, Pastor Mirow, Marie Meyer, Friedrich Meyer, Margarethe Horn, Claus Horn, Margarethe Dieckmann, Heinrich Dieckmann, Wilhelmine Dieckmann, August Dieckmann, Jäger Jeß und Frau Jeß. 3. Reihe: ?, Marie Horn, Wilhelmine Lütt, ?, Dora Ohm, blinde Helene Dieckmann, Else Ohm, Frieda Dieckmann, Frau Hamann, Frl. Fahl, Frl. Fahl, Frau Prall, Doris Meyer, Elise Gäthje, Emma Mißfeldt und Dorothea Grotkopp. 4. Reihe: August Meyer, Dachdecker Röpsdorf, Herr Ohm, Hermann Harm, Marie Busch, Berta Dohrn, Frau Wittern, Frau Dieckmann, Helene Kruse, Frau Harm, Alma Struck, Berta Meyer, Marie Mißfeld, Helene Schramm und Sophie Schröder. 5. Reihe: Johann Horn, Heinrich Busch, ?, ?, Ernst Struck, Schmiedemeister Wittern, Johann Meyer, Peter Dohrn, Herr Vorhaben, Hermann Keßler, Anna Günther, Ursula Dieckmann, Marie Keßler, Dora Busch, Heinrich Dieckmann, Johann Meyer, Frau Vorhaben, Marcus Meyer, Hermann Fahl, Robert Kruse, Christian Dieckmann, Herr Mißfeldt, Christian Homfeldt, August Prall, Friedrich Harm, Herr Gaethje, Johann Lütt und ?. Bei dieser Feier nahmen die Frauen teil, nicht aber bei den Gemeindewahlen. Sie bekamen erst nach 1918 das Wahlrecht.

25 Klausdorfer Straße 99.

Sehr beliebt war im Sommer der Aufenthalt in dem großen Garten der Gastwirtschaft Keßler. Dort wurden Gartentische und -stühle unter schattigen Bäumen aufgestellt. Hier sehen wir 1916 auf eine Frauengruppe des Dorfes, die von drei 'Marinern', die auf Fort Herwarth lagen, eingerahmt werden. Es sind von links: Marie Keßler geborene Dieckmann, die Frau des Krügers; Wilhelmine (Mimi) Dieckmann, die Tochter von Schuster Heinrich Dieckmann, die im Gasthof angestellt war; Wilhelmine (Mine) Dieckmann, Tochter des Hauses; Margarethe Dieckmann, Schwester der Krügerin, später verheiratete Fichler; Werner Keßler, Sohn des Hauses; Elisabeth (Lisbeth) Dieckmann, Schwester der Krügerin, später verheiratete Wichelmann; und Christine Loeck, Nachbartochter, später verheiratete Vermehren.

26 Klausdorfer Straße 99.

Mitte der dreißiger Jahre waren etwa 150 Mann des Nationalsozialistischen Kraftfahrkorps (NSKK) in Dreierreihen vor Hermann Keßlers Gasthaus, wie es das weiße Schild neben der Gulaschkanone verkündet, angetreten. Im Vordergrund steht auf der unbefestigten Dorfstraße der Sturmführer, kenntlich an den drei Sternen am Kragenspiegel. Das NSKK wurde 1931 von Adolf Hühnlein gegründet. Es war Träger des Motorisierungsgedankens und ein Sammelbecken aller nationalsozialistischer Kraftfahrer. Hauptsächlich sollte eine Steigerung der Fahrfertigkeit geübt werden. Disziplinierung erfolgte durch gemeinsame Veranstaltungen, wie diese Gruppe zeigt, die sich gerade zu einer Übung in Klausdorf getroffen hatte. Als Dienstkleidung trugen die Männer des NSKK braune Hemden, schwarze Reithosen, schwarze hohe Stiefel und Dienstmützen, die der SA-Mütze sehr ähnlich war. Der Volksmund hatte sich eine besondere Abkürzung für den NSKK ausgedacht – nämlich 'Nur Säufer keine Kämpfer'.

27 Klausdorfer Straße 93.

Zu dem ältesten Geschäft, das auch noch heute betrieben wird, wenn auch unter einem anderen Namen, gehört die Hökerei Kruse. Bis 1921 hatte Robert Kruse seinen Laden im Haus Haarbarg (Klausdorfer Straße 84). Danach vergrößerte er sich und kaufte das Haus (Klausdorfer Straße 93), das um 1880 erbaut wurde. Der Dorfladen lag anfänglich links neben der Eingangstür. Da er gut lief und das Sortiment vergrößert werden sollte, fügte man einen im Baustil gut angepaßten Anbau an der rechten Seite an. Dies zeigt das Foto aus den dreißiger Jahren. Auf dem großen Hofplatz links vom Haus lagerten für den Verkauf Brennstoffe wie Holz, Kohle und Torf. Heute bietet die Tankstelle Kruse dort Treibstoffe an. Nach dem Tode seiner Eltern übernahm Werner Kruse 1953 das Geschäft und vergrößerte es während seiner Führung zusammen mit seiner Frau Gisela. Nach seinem Tode 1976 führte es seine Frau bis 1982 fort.

Danach verpachtete sie es an Johannsen, Gettorf. Die Tankstelle blieb weiterhin im Familienbesitz und wird von Roberts Tochter Evelin Stütze geborene Kruse geführt. Neben dem Gartentor stehen die Tochter des Hauses Frieda Kruse (rechts) und ihre Cousine Zita Struve (links), die zeitweise in dem Zimmer über dem Laden mit ihrer Mutter gewohnt hatte.

28 Fußweg Edeka-Freitag.

Anlaß der zahlreichen Feuerwehrgründungen war der große Stadtbrand in Hamburg 1852. Bis 1934 bestand in der Gemeinde Altenholz eine Zwangsfeuerwehr, in der jeder Bürger vom 16. bis 65. Lebensjahr verpflichtet war, bei Feuerausbruch zu helfen. Diese Pflichtfeuerwehr wurde 1934 durch die Freiwillige Feuerwehr abgelöst, die von einem Wehrführer geführt wurde. Das alte Spritzenhaus der Feuerwehr lag an dem Fußweg zum Rehwinkel zwischen dem heutigen Edeka-Geschäft und Radio Freitag und grenzte an den Kohlenhof von Robert Kruse, der

gerade mit seinem Pferdegespann mit einer Fuhre wegfährt. Links liegt der Kohlenhaufen gleich daneben die Waage. In dem etwa 4 x 6 m großen Spritzenhaus mit großem Eingangstor stand die

Handspritze auf einem vierrädigen Wagen sofort einsatzklar für den Gebrauch. Je vier Mann an jeder Seite bedienten die Spritzen. Ein größeres Spritzenhaus mit etwa 6 x 8 m Fläche entstand 1949 in

Eigenleistung am Moorredder hinter der Dieckmann'schen Bauernstelle.

29 Klausdorfer Straße 19.

Der Gemeindewehrführer der Freiwilligen Feuerwehr Altenholz Werner Grotkopp steht hier um 1932 als etwa vierjähriges Kind am Haus seiner Großeltern väterlicherseits in der Klausdorfer Straße 19. Der damaligen Mode folgend trägt er eine Kittelschürze mit großer Mitteltasche, kurze Hosen und lange, schwarze Strümpfe. Am Halsband hält er den Mischlingshund Tell, der sonst stets an der Kette lag und als recht bissig galt. Einer Anekdote nach war Werner einmal auf dem großelterlichen Anwesen spurlos verschwunden. Aufgeregt suchte alles nach dem Kind, bis man es endlich friedlich schlafend in der Hundehütte zusammen mit Tell fand. Zehn Jahre lang, von 1960 bis 1970 war Werner Grotkopp Wehrführer.

30 Klausdorfer Straße.

Das Foto von einer zweiteiligen Postkarte aus dem Jahr 1916 gibt den Blick frei vom Einmündungsbereich des Kubitzberger Weges (links) in die Klausdorfer Straße Richtung Dorfteich. Beide Straßen sind noch unbefestigt. Auf der linken Straßenseite steht das Haus von Carl Bahr (Klausdorfer Straße 79). In den sechziger Jahren wurde es abgebrochen und wich dem hohen Eckgeschoßbau, in dem sich zur Zeit das Sonnenstudio Algarve und Wohnungen befinden. Das nächste Haus gehörte Wilhelm Mißfeldt (Klausdorfer Straße 81). Es wurde 1973 abgebrochen und durch einen Neubau ersetzt, in dem sich das Kurzwarengeschäft Hupp befindet. Das folgende Haus war das Altenteilerhaus des Hofes von Heinrich Dieckmann

(Klausdorfer Straße 83). Hier wohnte die blinde Helene Dieckmann. Die alte Struktur des Hauses ist noch heute gut erkennbar. In dem vierten strohgedeckten Haus lebte die Familie Jessen, die auch heute noch Eigentümer ist (Klausdorfer Straße 87). Im Hintergrund liegt das Reetdachhaus der Familie Ströh. Es steht nicht mehr. Die Eckernförder Kreissparkasse ließ ihr Gebäude auf dem Grundstück errichten (Klausdorfer Straße 91). Als letztes Haus in dieser Reihe erscheint das Kruse-Haus (Klausdorfer Straße 93). Auf der rechten Straßenseite sehen wir auf das weiße Altenteilerhaus des ehemaligen Hofes Meyer / Thoms aus dem Jahre 1910 (Klausdorfer Straße 92).

31 Klausdorfer Straße 84.

Der 'Haarbarg' zeigt sich uns auf dem Foto in einem sehr desolaten Zustand. Das Reetdach ist vermoost und weist Lücken in der Reetbedeckung auf. Es fehlen auch Ziegelsteine an der Giebelseite. Das Fachwerkhaus wechselte recht häufig seine Besitzer. Robert Kruse, der hier Ende des 19. Jahrhunderts einen Laden betrieb, gab es 1920 an Adolf Book, der es in den dreißiger Jahren an den Tischler Paul Harm verkaufte. Er fiel im Zweiten Weltkrieg, so daß seine Frau Friederike es nicht mehr halten konnte und es 1956 an den Schlossermeister Heinz Linke verkaufte.

Dieser renovierte das Haus und baute zusätzlich seine Werkstatt auf dem Grundstück auf. Heinz Linke fand heraus, daß das Haus ehemals 'Haarbarg' geheißen hat. Har bedeutet Hirte. Könnte hier der Dorfhirte auf der Anhöhe, dem barg, gewohnt haben? Das Haus hat nicht die großen Ausmaße, wie sie bei den Bauernhäusern üblich sind. In dem kleinen Backhaus, das sich rechts neben dem großen Haus zeigt, lebte während des Ersten Weltkrieges eine Polenfamilie.

32 Kubitzberger Weg 8.

Die erste Siedlungsausdehnung des Dorfes Klausdorf erfolgte entlang des Kubitzberger Weges – im Volksmund Ziegenstraße genannt. Überwiegend Handwerker kauften 1875 von dem Knooper Gutsherrn Ingward Martin Clausen Grundstücke mit Flächen von 2 500 m². Der Schuster Heinrich Plambeck baute dieses Doppelhaus aus Backsteinen mit Pfannendach und ein Stallgebäude. Nach seinem Tod erbte es 1895 sein Sohn Heinrich Plambeck. Er war Maurer und mit Anna Reimer aus Felm verheiratet. Sie hatten eine Tochter Elisabeth, die mit Friedrich Bauer verheiratet war. Elisabeth starb sehr früh und hinterließ den sechsjährigen Sohn Hans. Hans Bauer wurde Dreher und erbte 1921 das Anwesen. Er heiratete Anna Grage aus Felm. Ihr Sohn Alfred Bauer fiel im Zweiten Weltkrieg. Ab 1962 übernahm Familie Frank das Haus und modernisierte es. Vergleicht man das heutige Haus mit dem alten Haus auf dem Foto von 1924, so wird man es schwerlich wiedererkennen.

33 Klausdorfer Straße 157.

Der Viehmeister Heinrich Schröder war mit seiner Familie auf den verschiedenen Gütern wie Sehestedt, Bülk, Knoop und Friedrichshof tätig. Er hatte dabei gutes Geld verdient. Als Geldanlage baute er 1913 das Etagenhaus mit umlaufendem Rautenband auf weißem Grund, das er zunächst an die Familie Basch, Verwandtschaft seiner Frau Wilhelmine Schröder geborene Dieckmann, vermietete. Er selbst zog erst während der dreißiger Jahre in sein Eigentum ein, als er in Rente ging. Auf dem Foto sieht man den Bauherrn Heinrich Schröder (3. von rechts) sowie seine Frau Wilhelmine (5. von rechts) mit ihrer Tochter Hildegard auf dem Arm. Sohn Max (1. Reihe, 5. von links) fiel noch am Ende des Zweiten Weltkrieges 1945. Erwähnenswert ist Johanna Bella (2. Reihe, 1. von links), eine Freundin des Hauses Schröder, die Pfingsten 1997 im Alten- und Pflegeheim Kiel als 'älteste Kielerin' im Alter von 106 Jahren starb. Tochter Hildegard Schröder erbte das Haus. Ihre Familie bewohnt es heute noch.

34 Gut Friedrichshof.

Vor uns sehen wir auf einem Foto von 1916 das siebenachsige Wohnhaus mit Frontispiz von Gut Friedrichshof, einem ehemaligen Meierhof des Gutes Knoop. Vermutlich wurde Friedrichshof nach der Verkoppelung 1804/05 durch Heinrich Friedrich Graf von Baudissin als neuer Meierhof mit 447 ha vom Gut Knoop abgelegt. Sein Vorname stand Pate für die Namensgebung. Erster Pächter des Hofes war Louis Renard, dessen Sohn und Enkel das bekannte Fotogeschäft Renard in Kiel gründeten. Es wird noch heute von dieser Familie weitergeführt. Als Pächter folgten Friedrich August Kemper und Eduard Johannes Graf von Baudissin. Ab 1903 kam der Meierhof in den Besitz von Richard Hirschfeld. Ab 1950 gehörte der Meierhof seinem Sohn, dem Landeskonservator Dr. Peter Hirschfeld. Nach dessen Tod 1988 fiel es an seinen Großneffen Richard Hoene, der es heute mit seiner Familie bewirtschaftet.

35 Klausdorfer Straße 27.

Hier stand das Armenhaus des Gutes Knoop. Es war nämlich Aufgabe des Gutsherrn, für gebrechliche, alte und nicht mehr arbeitsfähige Gutsangehörige zu sorgen. Das eingeschossige Fachwerkhaus mit reetgedecktem Walmdach stammte aus dem späten 18. Jahrhundert. Nach den Volkszählungsakten von 1835 lebten hier 26 Personen auf engem Raum. Aus dem Armenhaus wurde 1879 ein Wohnhaus für die Landarbeiter des Gutes Friedrichshof. Um 1930 wohnten hier zusammen mit anderen Familien die Familie Grabowski, die sich für ein Foto in ihrem Eingang zeigt. Im Türrahmen stehen August Grabowski mit seiner Frau Anna geborene Faust, neben ihnen ihre Söhne Erich (links) und Ernst (rechts). Viele Familien aus der Gemeinde haben hier gewohnt. 1990 wurde das Gebäude unter Denkmalschutz gestellt. Es wurde am 8. März 1992 in Brand gesteckt und brannte völlig nieder. Der neue Eigentümer baute auf dem großen Grundstück zwei Zweifamilienhäuser.

36 Landesstraße 254 nach Felm (Dehnhöft).

An der südlichen Seite der Landstraße Pries-Felm an der Gemeindegrenze von Altenholz lag die Waldarbeiterkate am Waldrand des Friedrichshofer Holzes. Im Volksmund hatte sie den Namen 'Hohenfiedel' und zwar deshalb, weil in den hohen Bäumen die Vögel so schön zwitscherten (fiedelten). Zwei Familien lebten 1926 dort. Auf der linken Seite wohnte die Familie Rausch, die sich hier vor der Küchentür zeigt. August Rausch, der Familienvater mit der Mütze auf dem Kopf, war Waldarbeiter im Friedrichshofer Wald. Hinter ihm steht seine Frau Frieda geborene Peters. Auf dem Arm hält sie ihre jüngste Tochter Ilse. Neben dem Vater stehen von links die drei Söhne Erwin (gefallen), Walter und Friedrich (gefallen). Als 'Familienmitglied' guckt auch Hund Tetje mit ins Objektiv. Für die sechs Personen waren die Raumverhältnisse in der einen Katenhälfte sehr beengt. Es gab nur Küche, Wohnraum, Schlafstube und Speisekammer. In der anderen Hälfte wohnte das Rentnerehepaar Hoßmann. Die Eingangstür ist rechts im Bild zu sehen. Die Trennung der beiden Haushälften verlief genau durch das mittlere Sprossenfenster. Je drei Längsfenster gehörten zu jeder Wohnung. Heute ist die Kate umgebaut und modernen Wohnbedürfnissen angepaßt.

37 Lummerbruch 4.

Der spätbarocke Backsteinbau (etwa 32 x 12 m) wurde vermutlich von dem Knooper Baumeister Carl Gotthold Horn als Vorwerk für die Knooper Gutsherrin Gräfin Caroline von Baudissin um 1796 gebaut. Das repräsentative Bauwerk zeigt in seinem Aufbau einen besonderen Verwendungszweck, denn Zweidrittel des Hauses dient Wohnzwecken und nur ein Drittel gehört zum Wirtschaftsteil. In den gewöhnlichen Bauernhäusern ist die innere Aufteilung genau umgekehrt. Seit etwa 1840 ist der Hof Flur im Busch'schen Familienbesitz unter dem Hufenpächter Heinrich Christoph Busch. Sein ältester Sohn Johann Heinrich bearbeitete 1875 als Erbpächter etwa 36 ha Land. Nach dem Tode seines Vaters 1904 übernahm Heinrich Busch den Hof. Er verstarb 1929 unverheiratet. Sein zweiter Bruder Hans – auch unverheiratet – wirtschaftete danach für zehn Jahre auf dem Hof, um ihn dann 1939 an seinen Neffen Heinrich Busch zu überschreiben. Dieser bewirtschaftete ihn solange, bis die Neubautätigkeit um 1970 in Klausdorf-Süd einsetzte, und er seine Ländereien für Bauzwecke verkaufte. Selbst sein Bauernhaus veräußerte er, das nun von einer Familie bewohnt wird. Das Winterbild aus den zwanziger Jahren zeigt den Hof rechts mit dem Bauernhaus und links parallel zur Auffahrt die große Scheue mit hohem Reetdach.

38 Lummerbruch 4.

Mit der Aufhebung der Leibeigenschaft änderte sich die Gerichtsbarkeit. Seitdem durfte der Gutsherr nicht mehr selbst Gericht halten, sondern er mußte einen Gerichtshalter, einen ausgebildeten Juristen, einsetzen. Zwei Hofbesitzer nahmen als Beisitzer teil. Die Gerichtsakten führte der Gerichtsschreiber. Alle vier Wochen mußte ein ordentlicher Gerichtstag abgehalten werden an einem bestimmten Ort im Gutsbezirk. Dieser Ort war für den Gutsbezirk Knoop der Gerichtsraum auf dem Hof Flur. Er war durch eine eigene Tür im Westgiebel zugänglich. Nach der Verurteilung gab es für die Verurteilten zwei Möglichkeiten des Arrestes. Für die leichteren Vergehen gab es den Raum 'Bürgergehorsam', der häufig auf Dachböden lag und befenstert war. Fluchtversuche wurden durch Anketten verhindert. Das Dachgefängnis lag im Hof Flur über dem Gerichtsraum. Die schweren Straftäter wurden im Gefängniskeller untergebracht, der rechts neben dem Langseiteneingang des Hauses lag. Eine Aufmessung von Architekturstudenten zeigt uns das Aussehen des Karzers (rechts unten). Über eine Treppe kommt man in einen Vorraum an dessen Längswand die schwere Eichentür mit verschließbarer Luke für die Essenszuteilung liegt. Dahinter lag die Zelle von 1,88 x 3,95 m Größe. Spärliches Licht fiel durch ein Kellerfenster.

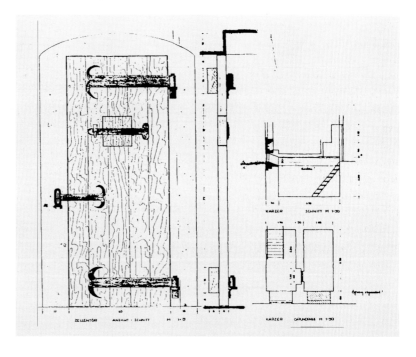

39 Lummerbruch 4.

Johann Busch, der Hufner vom Hof Flur, war mit Sophie Kahl, der Tochter von der Kahl'schen Hofstelle aus dem Dorf, verheiratet. Sie hatten sieben Kinder – drei Söhne und vier Töchter. Die vier Töchter sind hier vom Kieler Fotoatelier Schmidt und Wegener um 1890 porträtiert worden. Der Fotograf überließ beim Bildaufbau nichts dem Zufall. Er arrangierte gekonnt die kompositorische Aufstellung der vier Schwestern, bei der die Verschiedenartigkeit der Handbewegungen eine große Rolle spielt. Die älteste Tochter Helene hält ihre jüngste Schwester Anna an der rechten Hand und legt zusätzlich schützend ihre linke Hand auf deren Schulter. Die beiden jüngeren Schwestern Marie und Dora (von links) neben der großen Schwester blicken schon recht eigenständig in die Welt.

40 Lummerbruch 4.

Vor der Grotdör an der Ostseite des Hofes Busch stellten sich an einem Wintertag der zwanziger Jahre Besitzer, Verwandte und ein Nachbar zu einem Gruppenbild auf. Im Türrahmen links mit Schirmmütze, Schnauzbart und hohen Stiefeln steht der Hofbesitzer Heinrich Busch. Er führte die Bauernstelle von 1904 bis 1929. Rechts neben ihm stehen drei seiner Schwestern in der gleichen Aufstellung wie beim Atelierbild von Schmidt und Wegener aus dem Jahre 1890. Marie trägt die dunkle Weste, Dora steht in der Mitte der drei Schwestern, und die älteste Helene hat eine dunkle Jacke angezogen. Rechts neben ihr steht ihr Mann Wilhelm Stabe, der Gastwirt in der Wik 'Zur Linde' ist. Von den sieben Busch-Geschwistern waren nur Helene und ihr jüngster Bruder Fritz verheiratet. Ganz links auf dem Bild steht der Nachbar, Ingenieur Ernst Grotkopp.

41 Klausdorfer Straße 19.

Vom Klintenberg, der heute vollständig bebaut ist, fällt der Blick auf das Anwesen der Stellmacherei Grotkopp. Um 1875 wurde die lange Fachwerkscheune für die anfänglich betriebene Zimmerei gebaut, die heute noch steht – allerdings mehrfach umgebaut. Hinter der Scheune wurde zeitgleich das Wohnhaus hochgemauert, denn die Straße lief bis zum Ersten Weltkrieg vor dem Wohnhaus vorbei, wohin auch die Eingangstür mit Holzveranda und Frontispiz zeigten. Danach wurde die Straße begradigt und vor die Fachwerkscheune verlegt. Das helle Band horizontal verlaufend deutet die neue Wegführung an, aus der heute die verkehrsberuhigte Klausdorfer Straße geworden ist. Im Hintergrund links erhebt sich das Reetdach der großen Scheune vom Hof Flur. Am rechten Bildrand erkennt man das Dach des Hauses von Willi Busch. Deutlich leuchtet das flache, lange Pultdach von seiner zugehörigen Malerwerkstatt. Rechts im Strauchgelände befindet sich ein Teich.

42 Klausdorfer Straße 19.

Der Fotograf W. Zacharias aus Kiel machte um 1913 diese Aufnahme von den fünf Grotkopp-Söhnen vor dem elterlichen Hauseingang im geschützten Südwinkel der Holzveranda. Die Fotografen verstanden sich damals als Künstler und arrangierten kompositorisch gekonnt ihre Gruppenbilder. Im Mittelpunkt steht der quadratische Tisch, auf dem ein Schachspiel aufgebaut ist, um das sich Spieler und Zuschauer gruppieren. Neben dem ältesten Sohn Hans (2. von links) sitzen der Geschwisterreihe folgend rechts von ihm Fritz, Klaus und Karl. Der Nachkömmling Ernst, der fünf-zehn Jahre jünger ist als sein ältester Bruder Hans, steht links neben ihm. Nur Karl, der hier unkonventionell auf dem Stuhl sitzt, blieb in unserer Gemeinde. Er wurde Gärtner und ist der Vater vom ehe-maligen Wehrführer Werner Grotkopp. Links im Hintergrund ist das Haus von Willi Busch erkennbar.

43 Klausdorfer Straße 19.

Ende der zwanziger Jahre wird die Hochzeit von dem Gärtner Karl Grotkopp mit Else geborene Malon gefeiert. Zum Erinnerungsfoto stellt sich hier die Hochzeitsgesellschaft vor dem Grotkopp'schen Hauseingang auf. Verwandte und Nachbarn sind eingeladen. In der sitzenden Reihe von links waren folgende Personen identifizierbar: ?, Bruder Fritz Grotkopp, die blinde Helene Dieckmann, Krüger Hermann Dieckmann, Braut Else Malon, Bräutigam Karl Grotkopp, ? und Bauer August Dieckmann. Stehend von links: ?, ?, Johanna Ohm, ?, Karl Mißfeldt, Bräutigammutter Dorothea Grotkopp geborene Ohm, Käthe Mißfeld, ?, Fritz Dieckmann (Sohn von August D.), Dora Ohm, ?, Bürgermeister Willi Busch, ?, Wilhelmine Rubin und ?.

44 Klausdorfer Straße 25.

Im Jahre 1874 hatte der Hufner des Hofes Flur Johann Busch seinem jüngeren Bruder Friedrich etwa 1 600 m^2 Land verkauft. Darauf erbaute der Böttcher Friedrich Busch ein Wohnhaus. 1920 übernahm dessen Sohn, der Malermeister Wilhelm Busch, das Anwesen. Von 1921 bis 1933 war er Bürgermeister unserer Gemeinde. Er war SPD-Mitglied und Gründer des SPD-Ortsvereins 1928. Seine Gegner waren die Nationalsozialisten. Mit ihnen kam es zu gewaltsamen Auseinandersetzungen, die in der Tumultnacht des 9. Juli 1932 eskalierten. Etwa einhundert Nationalsozialisten und SA-Männer kamen auf Lastwagen angefahren, sprangen ab und überfielen das Wohnhaus von Willi Busch. Sie bewarfen es mit Steinen, die gerade zahl-reich zum Ausbessern der Straße abgelagert worden waren. Gegen 23.00 Uhr fielen sogar Schüsse. Danach erschien die herbeigerufene Polizei aus Kiel, die wieder für Ruhe und Ordnung sorgte. Verletzte waren auf beiden Seiten zu beklagen. Das Haus war schwer beschädigt, wie es das Foto zeigt. Zunehmend fühlte sich W. Busch bedroht, so daß er im Juli 1933 in die Emigration nach Dänemark ging. Dort starb er 1949. Seine Frau Käte geborene Book folgte ihm etwas später ins Exil. Sie kehrte aber nach dem Ende des Zweiten Weltkriegs wieder in ihr Haus zurück. Dort starb sie 1990.

45 Postkamp 13.

Auf dem Foto von 1927 steht der landwirtschaftliche Lehrling Walter Lüthje an der Hinterfront des Wohnhauses vom Hof Postkamp und hält ein Pferd am Zügel. Zu diesem Zeitpunkt gehörte der etwa 82 ha große Hof noch dem Landwirt August Prall, der ihn aber in den Konkurs wirtschaftete. 1929 übernahm deshalb die Schleswig-Holsteinische Höfebank den Betrieb und verkaufte ihn an Kurt Stegemann, in dessen Familie er sich heute in dritter Generation befindet. Erstmalig tritt die Landstelle Postkamp in den Volkszählungsak-ten von 1835 unter dem Pächter Johann Friedrich Pomnitz auf. Den Namen hat die Landstelle möglicherweise nach ihrer Lage am Moor, wo der 'post' wächst. Das ist ein Gagelstrauch, eine typische Moorpflanze, die man auch als Würze zum Bierbrauen benutzte.

46 Postkamp 16.

Vor uns liegt die Siedlerstelle Dibbern, die 1929 von der Höfebank zusammen mit anderen Siedlerstellen gebildet wurde. Diese Aufsiedlungsstellen hatten alle ein gleiches Aussehen. Die Häuser waren T-förmige Bauten. Der untere Teil war aus gelben Klinker gemauert, der obere Teil mit Blech verkleidet. Der eine Teil beherbergte den Wohnteil, der andere den Wirtschaftsteil. Überdeckt war alles von einem hohen Krüppelwalmdach aus Schieferplatten. Karl und Olga Dibbern bearbeiteten damals ein Areal von 18 ha, das arrondiert um ihren Hof lag. Die Hofstelle liegt hier auf dem Foto noch ohne Pflanzenwuchs vor uns. Pferde, Kühe, Schweine und Federvieh beweiden das Hofland, die Ackergeräte lehnen am Zaun, der Ackerwagen steht am Haus, und die Bewohner sahen damals frohgemut in die Zukunft.

47 Postkamp 11.

Das Haus auf dem 'Goldberg' wurde 1921 in einer Größe von 9,50 x 8 m von der Familie Dieckmann gebaut. Die Steine für den Hausbau stammen vom Abriß des Forts Herwarth. Schon 1929 erfolgte ein Anbau um etwa 8 m für einen Stall zur Aufstallung von zwei Kühen, einem Pferd, einer Ziege und Schweinen. Das Anwesen war umgeben von 1,5 ha Land. Auf dem Foto von 1931 steht die Hausbesitzerin Dorothea Dieckmann geborene Rathje ganz links hinter der Gartenpforte. Rechts neben ihr stehen ihr Sohn Heinrich, ihre Schwiegertochter Ingeborg Dieckmann geborene Dose und ihre Pflegetochter Gertrud Stoltenberg. Deutlich erkennt man links im Bild das ursprüngliche Haus und rechts den späteren Anbau. Den Namen Goldberg erhielt das Haus, weil August Dieckmann beim Brunnenbau ungewöhnlich tief graben mußte, bis er bei etwa 13 m Tiefe auf Wasser – für ihn gleichbedeutend mit Gold – stieß. Seitdem heißt das Haus Goldberg. Es wird nun in dritter und vierter Generation von Familie Dieckmann bewohnt.

48 Postkamp 11.

Heinrich Dieckmann vom Goldberg wird wegen seiner stattlichen Größe von 1,90 m auch Hein Länglich genannt. Bekannt wurde er Mitte der zwanziger Jahre durch Zeitungsartikel als 'Schlangengrieper'. In ihnen wurde er wegen seiner großen Erfolge beim Fang von Kreuzottern der Öffentlichkeit vorgestellt. Da es sehr viele Kreuzottern gab und die Menschen den tödlichen Biß dieses Tieres fürchteten, setzten die Gemeinden Prämien von 1 Mark pro Stück Kreuzotter aus. Viele Erwerbslose interessierten sich deshalb für diesen Fang, so daß die Ablieferungen so groß wurden, daß die Prämie recht schnell auf 50 Pfennige herabgesetzt wurde. Heinrich Dieckmann fing pro Woche 35-40 Tiere. Er lieferte sie beim Bürgermeister ab

oder brachte sie lebend zu wissenschaftlichen Instituten nach Kiel. Beim Fangen der Kreuzotter stieß der Fänger eine Fanggabel, den Dwel, über den Rücken des Tieres, so daß es wie festgenagelt da lag. Der aufbäumenden Schlange wurde mit einem Gertenhieb sodann das Rückgrat gebrochen. Das Atelierfoto zeigt Heinrich Dieckmann vor einer gemalten Landschaftskulisse. Er hält den Dwel und den Sack in der linken Hand und eine tote Kreuzotter in der rechten Hand.

49 Klausdorfer Moor.

Vor der Erfindung der maschinellen Hilfen bei der Torfherstellung gab es nur die Möglichkeit, den Torf im Formkasten zu backen. Der durchgerührte und geknetete Torfbrei wurde in Schiebkarren angefahren. Inge Dieck-mann stellt hier den offenen Formkasten mit einer Soden-unterteilung von 2 x 5 Soden auf den Grasboden, füllt den Torf mit der Schaufel hinein und streicht alles glatt. Dann hebt sie den Kasten an den Seitengriffen hoch und stellt ihn eine Reihe weiter. Die Prozedur beginnt aufs neue, bis die dafür vorgesehene Fläche mit Torfsoden ausge-füllt ist. Nach der Trocknung der oberen Seite werden die Soden umgedreht. Schließlich werden sie zu Hocken aufge-setzt. Alles ist schwere, kör-perliche Arbeit. Am Rande des Sodenfeldes steht schon als Weiterentwicklung eine Torf-maschine, die mit einem Traktor in Gang gesetzt wurde, der rechts seinen Anschluß hatte. In der Mitte ist die große, viereckige Öff-nung für die Torfaufnahme zu sehen und links die Aus-stoßöffnung für die Torfso-den. Diese Maschinen konn-ten sich kurz vor dem Zwei-ten Weltkrieg nur begüterte Bauern leisten. Die maschi-nengeformten Torfsoden waren in ihrem Heizwert hochwertiger als der Backtorf aus dem Formkasten.

50 Klausdorfer Moor.

Das Klausdorfer Moor liegt in einer abflußlosen Senke. Es hat eine Größe von 18 ha. Es gehörte vor 1945 insgesamt 18 Eigentümern. Die Güter und Meierhöfe hatten Anteile zwischen 2 und 5 ha, die Vollbauern besaßen Anteile von 5 000 m², und die Handwerker und Kaufleute hatten kleinere Anteile von 2 500 m². Ein bäuerlicher Haushalt verbrauchte 40- bis 50 000 Soden Torf pro Jahr. Ab Mai begann der Torfabbau auf den Moorparzellen. Die Moorparzellisten bildeten häufig Arbeitsgemeinschaften, um effektiver arbeiten zu können. Hier arbeitet August Dieckmann (links) mit anderen Parzellisten – ganz rechts Willi Otto – an der Torfpreßmaschine. Angetrieben wird diese von einem Pferd, das eine Schnecke in dem etwa 2 m hohen Zylinder bewegt. Das Ganze arbeitet wie ein aufrechtstehender Fleischwolf. Zwei Männer werfen oben den breiigen Torf hinein, der vorher aus der Moorkuhle gestochen wurde. Zwischendurch wird Wasser zugesetzt, damit sich alles gut vermischt. Der gepreßte Torf kommt unten rechts wie aus einer Wurstmaschine auf das Rollband heraus, auf dem ein Brett liegt. Dort wird der Torf in Stücke geschnitten und sogleich auf die nebenstehenden Loren gestapelt. Damit er auf dem Brett nicht anklebt, wurde vorher Sägemehl darauf gestreut. Dies ist sichtbar als heller Haufen vor August Dieckmann.

51 Kubitzberg 2.

Im April 1923 fertigte der 66jährige Friedrich Paap eine Gedächtniszeichnung vom Hof Kubitzberg an, den sein Vater Johann Nikolaus Paap von 1855 bis 1875 in Besitz hatte. 1860 baute Johann Nikolaus Paap dieses neue, massive Wohnhaus mit Ziegelbedachung, was bis heute noch so erhalten ist. An der linken Hausseite befand sich die Meierei, die unter Reetbedachung lag. Der etwa 95 ha große Hof taucht erstmalig bei den Völkszählungsakten von 1835 auf. Danach erlebte diese Landstelle einen recht häufigen Besitzerwechsel. Bis 1873 war der Hof eine Erbpachtstelle des Gutes Knoop.

Danach ging er in den Eigenbesitz von Johann Nikolaus Paap, der ihn zwei Jahre später wieder verkaufte. Seit 1988 gehört der Hof mit seinen auf 45 ha geschrumpften Ländereien der Norddeut-

schen Gesellschaft für Diakonie, die dort biologischen Anbau betreibt und psychisch Behinderte von der Außenstelle 'Schleswiger Werkstätten' beschäftigt.

52 Kubitzberg 6.

Am Kubitzberger Weg liegt in der engen Kurve auf der rechten Seite, wenn man Richtung Dehnhöft fährt, die Drei-Tagelöhner-Kate, von der der jetzige Besitzer Waldemar Thedt noch ein Foto von 1932 besaß. 1865 wurde diese massive Kate von Johann Nikolaus Paap, dem damaligen Pächter und späteren Besitzer des Hofes Kubitzberg, für seine Tagelöhner erbaut. Drei Familien fanden hier Unterkunft. Rückwärtig liegende Stallgebäude für das Kleinvieh und 2,5 ha Land für den eigenen Gemüseanbau waren vorhanden. In den zwanziger Jahren wohnten hier unter anderen die Familien Thedt, Lüthje und Boock. 1929 kaufte Herbert Thedt die Kate von Wilhelm Blöcker, dem derzeitigen Besitzer von Kubitzberg. Im Winter 1951 wurde die Kate durch einen Schornsteinbrand zerstört, aber danach wieder aufgebaut. Die Traufseite erhielt nun einen Mittelgiebel und das Krüppelwalmdach wurde durch ein Satteldach verändert. 1985 setzte Waldemar Thedt, der Sohn von Herbert Thedt, einen neuen Klinker vor das alte Mauerwerk und deckte das Dach mit neuen Pfannen ein. Er wohnt dort zusammen mit seiner Frau Gertrud.

53 Landesstraße 254 (nach Pries).

Von dieser Bauernstelle, die außerhalb des Dorfes an der Nord-Ost-Peripherie der Gemarkung gegenüber von Fort Herwarth lag, zeugt nur noch dieses Foto von 1907. Ab 1835 wird die Hufenstelle Langenfelde von der Familie Johann Jürgen Lütt in der Volkszählungsliste genannt. Das ehemals erbaute niederdeutsche Fachhallenhaus wurde durch Brandstiftung am 19. Februar 1903 eingeäschert. Noch im gleichen Jahr wurde ein Neubau in Leichtbauweise, wie es das Foto zeigt, errichtet. Im vorderen Längsbau befand sich der Wohnteil, im linken Satteldachteil, dessen Schenkel hinter dem Haus hervorragte, war der Stallteil untergebracht. Die Leichtbauweise des Hauses wurde von den militärischen Behörden wegen der direkten Nähe des Fort Herwarths gefordert. Dafür erhielt der Bauer jährlich eine Entschädigungssumme von 1 000 Goldmark, wenn er die Auflage erfüllte, binnen 24 Stunden die Hofstelle bei Kriegsgefahr zu räumen. Dieser Fall trat bei Kriegsbeginn ein. Am 1. August 1914 zog Familie Lütt aus, am 7. August 1914 mittags um 12.00 Uhr sprengten Soldaten das Anwesen mit Dynamit. Familie Lütt fand zunächst Unterkunft bei Bauer Horn, der 1918 auch die Ländereien von etwa 25 ha kaufte. Danach wohnten sie auf der Kahlert'schen Bauernstelle zur Miete.

54 Gut Projensdorf.

Nach der Natur zeichnete A. Hornemann 1850 diesen Ausblick auf das adelige Gut Projensdorf, das sich zu dieser Zeit im Besitz von F. Trummer befand. Es hatte ein Areal von etwa 495 ha. Erkennbar ist das große Wohnhaus (links), das den Abschluß bildet zu der regelmäßigen Viereckanlage des Hofes – sichtbar mit den drei hohen Reetdächern hinter Laubbäumen. Der Blick gleitet über den Schleswig-Holstein-Kanal, von dem noch heute ein Teilstück, das rechts außerhalb des Bildes liegt, erhalten ist. Der Standort des Malers befindet sich im Bereich der Zufahrtsstraße zum beliebten Ausflugslokal 'Kanalfeuer'. 1378 wird erstmalig ein Dorf 'villam Prodenstorp' erwähnt. Im Zuge der Niederlegung von Dörfern im 16. Jahrhundert verschwand das Dorf. Ein Gutsbetrieb entstand, der wechselnde adelige Besitzer hatte, wie die Ahlefeldts, Rantzaus und Baudissins. Im 19. Jahrhundert hatten bürgerliche Besitzer das Gut in ihrem Eigentum. Von 1846 bis 1885 gehörte es F. Trummer. Die Trummer'schen Erben verkauften es. Ein Teil des Gutes ging an den Kanalfiskus für den Bau des Kaiser-Wilhelm-Kanals, der südliche Teil kam an die Stadt Kiel, die darauf den Kieler Stadtteil Projensdorf baute. Der Nordteil mit etwa 116 ha ging als Restgut an die Familie Schwerdtfeger.

55 Gut Projensdorf.

Das Foto ist wohl in die zwanziger Jahre zu datieren. Es zeigt das umgebaute efeubewachsene Wohnhaus des Gutes Projensdorf, in dessen Vordergrund der Besitzer Graf Spee mit seiner Haushälterin Frau Mukatis steht. Graf Spee erwarb das Gut 1921 von den Schwerdtfegers und behielt es bis zu seinem Tode 1937. Er war Universitätsprofessor in Kiel und der Bruder des bekannten Admirals Maximilian Reichsgraf von Spee. 1938 kaufte Dr. Otto Knapp das Gut mit etwa 90 ha Anbaufläche und übergab es 1954 an seinen Sohn Klaus, der auf den Feldern Raps, Zuckerrüben, Gerste und Weizen anbaute und auf den Weiden eine Bullenzucht betrieb. Heute wird das Gut von Gerhard Knapp in dritter Generation geführt. Ein neuer Erwerbszweig ist jetzt die Vorhaltung zur Vermietung von Pferdeboxen und Weideflächen für Pferde.

56 Achtstückenberg 1.

Im Jahre 1875 ließ der Gutsherr auf Projensdorf F. Trummer eine einklassige Schule mit Lehrerwohnung errichten. In den Jahren 1875-1967 wurden hier durchschnittlich 25-30 Schüler von der 1. Klasse bis zur 8. Klasse unterrichtet. Das Foto vom Herbst 1927 zeigt alle 25 Schüler mit ihrem neuen Lehrer Hinrich Dunker, der dort bis zu seiner Militäreinberufung 1941 seinen Schuldienst versah. Im linken Teil des Hauses befand sich die Lehrerwohnung mit dem privaten Eingang vorn. Rechts daneben lag der Klassenraum, den die Schüler durch einen hinteren Eingang betraten. Folgende Schüler konnte Käthe Struck geborene Sander noch identifizieren, hintere Reihe von links: Auguste Trezinski, Anita Greve, Magda Stühmer, Wilhelm Zeichner, Wilhelm Struck und Lehrer Hinrich Dunker. 2. Reihe von rechts: Erich Lütje, Rudolf Koll, Werner Böhme, Petersen, ? , Klaus Dunker und Frieda Koll. Die Kleinen von links: ?, Magda Ammann, Gertrude Hahn, Bruno Trezinski, Elfriede Hörnke, Edith Petersen, Marret Dunker, Herta Sander, Hanne und Willi Tank, Käthe Sander, ? und ?.

1931 erfolgte ein 3 m langer Anbau an der westlichen Giebelwand, der das Klassenzimmer erheblich vergrößerte.

**57 Vorgängerbau des
weißen Herrenhauses Stift.**

Das neue Pächterhaus wurde
1880 von dem Gutsherrn
Graf Hans Schack zu
Schackenburg bei Tondern,
wie die Initialen über dem
Türeingang zeigen, erbaut,
denn der Vorgängerbau von
1766 wurde am 4. August
1879 vom Blitz getroffen und
eingeäschert. Er lag etwas
südlich versetzt vom heutigen
Pflegezentrum etwa am Eingang zur Danziger Straße. Das
neue Pächterhaus lag westlich
des Teiches und zwar dort, wo
seit 1919/20 das weiße Herrenhaus steht. Das Pächterhaus wurde abgerissen, um
diesem Prachtbau zu wei-
chen. Wie das Bild zeigt, hatte
es einen Frontispiz und ein
flaches Schieferdach. Das siebenachsige Haus besaß ein
Souterraingeschoß sowie ein
erhöht liegendes Hauptge-
schoß, das über eine Treppe
erreichbar war, und ausge-
baute Dachräume im Frontispiz. Die Abtrennung der
Geschosse wird durch das
Zierelement des Sägeschnitts
hervorgehoben. Dreiteilige
Sprossenfenster mit zweiteiligen Oberlichtern gliedern die
Fassade.

58 Weißes Herrenhaus Stift.

Pächter in dem neuen Pächterhaus von 1880 war von 1879 bis 1899 Magnus Christian Davidsen aus Apenrade, der mit Margarethe Grotkopp verheiratet war. Margarethe war die Schwester von Claus Hinrich Friedrich Grotkopp, der Rademacher auf Gut Uhlenhorst war und in Lehmkaten mit seiner Frau Katharina geborene Süverkrupp und acht Kindern wohnte. Da das neue Pächterehepaar kinderlos war, adoptierten sie zwei Töchter von Margarethes Bruder und zwar Caroline, die später Henning Oldekop heiratete, und Maria, die Johann Rathjen ehelichte. Magnus Davidsen war zuvor Pächter auf dem Gut Uhlenhorst gewesen. Nun bewirtschaftete er auf dem Stifter Stammhof etwa 175 ha Ländereien. Dafür zahlte er jährlich 7 500 Mark Pacht.

Die Porträts haben um 1885 die beiden bekannten Fotografen Schmidt und Wegener gemacht, die in Kiel in der Dänischen Straße ihr Atelier hatten.

59 Stifter Allee Haus im 'Harms Park'.

Das älteste Haus in Stift ist das Inspektorhaus oder auch Herrschaftshaus, was durch die Jahreszahl 1791 über dem Türsturz belegt ist. Erbaut wurde dieser Backsteinbau von dem Lehnsgrafen Otto Dideric von Schack, der sein Gut Seekamp parzellierte und an 24 Bauern der umliegenden Dörfer verpachtete. Seinen Stammhof verlegte er nach Stift. Da der Gutsherr aber auf Schackenburg nahe Tondern wohnte, baute er für seinen Vertreter vor Ort, den Gutsinspektor, zunächst ein einstöckiges Inspektorhaus, in dem Gastzimmer für vorübergehende Besuche der Grafen-

familie eingerichtet waren. Schon 1851 wurde das Haus durch den Ausbau eines zweiten Stockwerkes vergrößert. Hierin wohnte der Schwiegervater des Grafen, der Kammerherr Christian Friedrich

von Krogh, der als Amtmann von Tondern 1848 seines Amtes enthoben wurde. Dadurch wurde aus dem Inspektorhaus ein Herrschaftshaus. Auf dem Foto ist eine Kaffeetafel vor der Ein-

gangsfront des Hauses errichtet, zu der alle Angehörigen der Gutsherrschaft eingeladen waren.

60 Rote Kate 6a–c.

Nahe am Stifter Wald Kronsberg liegt das Holzvogthaus, das von dem Holzvogt des Grafen Schack genutzt wurde. Er war als Aufsichtsperson für eine Fläche von 92 ha Hölzungen des ehemaligen Gutsbezirkes Seekamp verantwortlich. Er wohnte hier von 1790 bis 1852. Nach 1852 mußte der Holzvogt seinen Amtssitz verlegen, da das frühere Inspektorhaus in Stift im Harms Park jetzt zum Herrschaftshaus für den Kammerherrn Christian Friedrich von Krogh umgebaut wurde. So wurde aus dem ehemaligen Holzvogthaus nun das neue Inspektorhaus, das seinem neuen Zweck entsprechend vergrößert wurde. Erkennbar ist diese einschneidende Veränderung an dem uneinheitlichen Aufbau des Hauses. Im Volksmund wird das langgestreckte Haus auch 'Selterbude' genannt, weil hier Getränke verkauft wurden. Viele Altenholzer Familien wie Bock, Kuhlmann, Clausen, Lampe und Hartwig haben hier gewohnt.

61 Altenholzer Straße 1.

Ende des 19. Jahrhunderts wurde das Tagelöhnerhaus, das zur Bauernstelle Krabbenhöft gehörte, auf der Flur Fahlsbarg, was gleichbedeutend ist mit Fohlenberg, gebaut. 1928 bot das Backsteinhaus mit den zwei Frontgiebeln und Reetdach zwei Familien Unterkunft. Auf der linken Seite wohnte Familie Repenning mit vier Kindern, auf der rechten Seite die verwitwete Luise Kath geborene Otto. An jeder Hausseite sieht man jeweils an den Giebelseiten Anbauten für Stall und Toilette. Vor dem Haus zeigen sich Bewohner und Verwandte, von links: Frau Repenning mit einer Tochter auf dem Arm, Wilhelmine Meyer geborene Kath, Luise Kath geborene Otto und Frieda Lüdtke geborene Kath. Luise Kath steht zwischen ihren beiden Töchtern. Vor den Erwachsenen stehen ihre Kinder (von links): Repenning Sohn und Tochter, Alma Lüdtke mit einer Puppe auf dem Arm, Repenning Tochter, Erika Meyer mit Puppe. 1929 sollte das Haus weiter ausgebaut werden. Da die Statik aber nicht beachtet wurde, brach es zusammen. Seit 1958 wohnen die heutigen Eigentümer Helmut Hartwig und seine Frau Erna geborene Nöhren mit ihren sechs Kindern hier. Sie bauten es 1975 zum Einfamilienhaus um.

62 Weißes Herrenhaus Stift.

Das auffallendste Gebäude in Stift ist das weiße Herrenhaus, das der Großschlachter Richard Georg Danielsen aus Tiebensee, Dithmarschen, kurz nach dem Ersten Weltkrieg in den Jahren 1919/20 von der Holtenauer Baufirma Ivens errichten ließ. Er hatte das Gut Stift 1915 von Klaus Friedrich Fahrenkrug gekauft und ließ fast alle Gebäude abreißen, um eine neue Gutshofanlage aufzubauen. Auch das Pächterhaus von 1880 ließ er abbrechen, um an dieser Stelle sein neues, weißes Herrenhaus zu errichten, das hier auf dem Foto aus den zwanziger Jahren sehr idyllisch zwischen den Bäumen daliegt. Ein kleiner Bootssteg führt uns zu einem weißen Ruderboot, das zu einer Kahnpartie einlädt. Im Hintergrund rechts neben der weißen Sitzgruppe scheint das Dach des Gärtnerhauses Pogge durch. Das Foto zeigt eine Situation aus den zwanziger Jahren.

63 Herrenhaus Stift (Rückfront).

Eine recht seltene Aufnahme aus den zwanziger Jahren zeigt diese Gartenansicht des weißen Herrenhauses. Der Mittelteil des Hauses springt über die ganze Höhe im Halbrund aus der Front hervor. Selbst das Dach trägt die Rundform weiter. Zwei großzügige, siebenstufige Freitreppen mit jeweils plastischen Figuren auf Konsolen auf beiden Seiten führen von einer ausladenden Terrasse zum Garten. Die Pflanzen der neuen Gartenanlage stehen noch am Anfang ihrer Entfaltungsmöglichkeiten. Schon 1927 geriet Danielsen in geldliche Schwierigkeiten, so

daß ein Bankkonsortium die gesamte Liegenschaft des Gutes Stift übernahm. Das Herrenhaus wechselte danach häufig die Besitzer. Aus der SA-Schule in den dreißiger Jahren wurde nach 1945 ein

Repräsentationsgebäude der englischen Besatzungsmacht. Ende der fünfziger Jahre nutzte es die evangelische Kirche und danach die Kieler Universität für verschiedene Zwecke. 1997 verkaufte es die

Oberfinanzdirektion Kiel für 1.4 Mio DM an eine Kieler Designergruppe 'Transparent'.

64 Stifter Allee 15.

Im Jahre 1919 kam Hermann Büsing aus Bohnert, Schwansen, auf das Gut Stift. Als Gutsförster war er verantwortlich für die Hölzungen und den Wildbestand des Gutes. Seit dieser Zeit wohnte er in dem Haus Stifter Allee 15, in dem er eine Dienstwohnung hatte. Nach der Gutsauflösung 1930 kaufte er es. Das langgestreckte Wohnhaus an der Stifter Allee gehört mit zu den ältesten Häusern. Es wurde mehrfach umgebaut. Die anfängliche Fachwerkmauer wich 1864 der feuersicheren Brandmauer. Das Reetdach wurde 1924 entfernt und durch ein Mansardendach mit Dachpfannen ersetzt. Dabei kam es gleichzeitig zum oberen Geschoßausbau, um mehr Wohnraum zu gewinnen. Nach dem Tod von Hermann

Büsing 1989, blieb seine Pflegetochter Marlene Jeß dort bis zu ihrem Tod 1997 wohnen. Zur Zeit wird das Haus von den neuen Eigentümern modernisiert. Auf dem Foto aus dem Ende der zwanziger Jahre sieht man im Hintergrund auf den Harmspark.

65 Waldgebiet Kronsberg.

Ende der zwanziger Jahre geriet der Gutsbesitzer Richard Georg Danielsen in finanzielle Schwierigkeiten. Um zu Geld zu kommen und damit den Konkurs abzuwenden, wurde ab 1928 mit dem Kahlschlag in dem 18 ha großen Waldgebiet Kronsberg begonnen. Rund 10 000 Festmeter Holz wurden in einem Arbeitsgang geschlagen, wie das Bild unten zeigt. Hermann Büsing, der Gutsförster, mußte diesen radikalen Einschlag durchführen. Das Foto rechts oben läßt das große Sägewerk erkennen. Dieses war vor Ort aufgestellt, um die Bäume sofort zu verarbeiten. Im Bild rechts unten sieht man, wie die fertigen Bretter und Balken zum Abtransport bereitliegen. Auch diese Rodung bewahrte Danielsen nicht vor dem Konkurs. Hermann Büsing forstete die Kahlfläche nach 1930 mit vielen Helfern wieder auf. 1932 kaufte das Gut Knoop dieses Waldgebiet, behielt es aber nur bis nach dem Zweiten Weltkrieg in Besitz, um es an die Stadt Kiel zu veräußern, die heutiger Besitzer der Flächen ist.

66 Hundetraining
H. Büsing.

Das Foto zeigt Hermann Büsing (links) in Jägeruniform mit umgehängtem Fernglas und Stock. An der linken Hand führt er an einer Leine einen Jagdhund. Vor und hinter ihm gehen Hundeführer. Im Hintergrund rechts steht eine Gruppe Menschen – vermutlich eine Prüfungskommission, die die Ausbildung der Jagdhunde begutachtet. Hermann Büsing wurde 97 Jahre alt. Allein siebzig Jahre wohnte er in der Gemeinde Altenholz. 1891 wurde er in Bohnert geboren, absolvierte zunächst eine Gärtnerlehre, wurde im Ersten Weltkrieg eingezogen, war dann als Jäger auf dem Gut Knoop tätig und kam 1919 als Gutsförster und -jäger auf das Gut Stift. Nach 1930 war er als freier Förster tätig und betreute die Wälder der Güter Hohenhain, Birkenmoor und Noer. Zwischen 1933 und 1945 war er Gemeindevorsteher der Gemeinde Altenholz. Nach dem Zweiten Weltkrieg von 1955 bis 1959 wurde er zum Gemeindevertreter gewählt und bekleidete das Amt des ersten stellvertretenden Bürgermeisters. Sein langes Leben verdankt er nach eigener Aussage seinem Leben an der frischen Luft.

67 Danziger Straße 2.

Nach der Zwangsversteigerung des Gutes Stift 1930 wurde der Gutsbezirk parzelliert und in kleine, landwirtschaftliche Betriebe aufgeteilt und an weichende Bauernsöhne vorwiegend aus Dithmarschen vergeben. Theodor Brockstedt's Hof lag parallel zur heutigen Danziger Straße und endete am Eingang zum Waldwinkel, dort wo sich heute die Fahrschule und die Massagepraxis befinden. Er bearbeitete 15 ha Land, hatte zwei Pferde und acht Milchkühe und wohnte in einem gelben Klinkerbau, der im Obergeschoß an den Giebelseiten eine Holzverkleidung trug und von einem Mansardendach bedeckt war. Während des Zweiten Weltkrieges wurde dieses Haus von einer Bombe getroffen. Auf dem Foto erkennt man den Südgiebel des Hauses. Im Hintergrund scheint rechts hinter den Bäumen das Dach des Kuhhauses – heutiges Pflegezentrum – hindurch. In der Mitte des Bildes stehen Menschen. Sie zeigen in ihrer Reihung den Verlauf der späteren Danziger Straße an, der damals ein Feldweg war.

68 Aufgang zum Seniorenheim Danziger Straße 3a-d.

Bevor Richard Danielsen 1915 das Gut Stift kaufte, erfolgte die Wasserversorgung über einen Brunnen, dessen Wasserspiegel 30 m tief gelegen haben soll. Über eine Kette, an der ein Eimer hing, wurde das Wasser nach oben gefördert. Das war schwere, körperliche Arbeit und ein recht mühsames Unterfangen. Danielsen ließ deshalb einen Wasserturm bauen, der nun die Bewohner mit Wasser versorgte. In seinem unteren Teil war der Wasserturm vermauert, der obere Teil allerdings verbrettert. Ein sechsbahniges Zeltdach krönte das Ganze. Auf dem Foto ist der Turm in der linken oberen Ecke nur ungenau zu erkennen. Die beiden Soldaten, von denen der rechte Hans Brockstedt ist, stehen auf Brockstedt'schen Ländereien. Parallel zum Zaun verläuft der Feldweg, der später zur Danziger Straße ausgebaut wurde.

69 Ostpreußenplatz 33 (Sanitärräume).

Vielen Stiftern ist dieses Gebäude noch als Gastwirtschaft unter dem Namen 'Holstenkate' in Erinnerung. Richard Danielsen baute kurz nach seiner Übernahme des Gutes Stift hier etwa 1919 eine Schmiede. Die Pferde mußten beschlagen und Ackergeräte wieder instandgesetzt werden. Rechts neben der dreiteiligen offenen Anlage befand sich der Unterstand für landwirtschaftliche Fahrzeuge. Darauf deuten Treckerreifen und Treibstoffässer vor der Einfahrt hin. In dem kleinen Anbau rechts befand sich eine Waschküche. Das langgestreckte Backstein-gebäude lag leicht zugänglich für den Verkehr an der Stifter Allee, die damals den Zugang zur Gutshofanlage bildete. Der Umbau zur Gastwirtschaft erfolgte mit dem Ausbau Stifts zur Wohnsiedlung in den sechziger Jahren. 1994 kam es zum Abriß, um Platz zu schaffen für den Umbau zum Pflegezentrum. Dort ist heute ein Sanitärtrakt untergebracht.

70 Klausdorfer Straße 74.

Zu einem Foto finden sich hier 1911 die Schüler der Elementar- und der Oberklasse zusammen. Sie gruppieren sich in Reihen vor der Giebelseite des alten Schulhauses. In der Mitte mit Strohhut sitzt der erste Lehrer Hermann Heinrich Bendix Fahl, der von 1890 bis 1915 an der Schule unterrichtete. Rechts neben ihm sitzt der zweite Lehrer Hans Struve und auf der anderen Seite neben dem Hauptlehrer die dritte Lehrerin Dora Daniels, die für den neu eingeführten Handarbeitsunterricht der Mädchen verantwortlich war. An ihrer Seite sind auch die Mädchen der Schule plaziert, während auf der anderen Seite die Jungen zu finden sind. Die Schüler und Schülerinnen sind nach Geschlechtern getrennt aufgestellt. Zwei Schüler waren zu identifizieren. Das dritte Mädchen in der oberen Reihe von links ist Christine Loeck. Der erste Junge in der oberen Reihe von rechts ist Hermann Jessen. Das alte Schulhaus wurde 1787 von der Gutsherrschaft Knoop gebaut. Der Dorfschullehrer Claus Rixen unterrichtete hier 56 Jahre lang. Nach ihm erhielt die Schule in Klausdorf 1957 ihren Namen. Das alte Schulhaus stand traufseitig direkt an der Klausdorfer Straße zwischen Turnhalle und Schulaltbau. Es wurde 1967 abgerissen.

71 Klausdorfer Straße 72.

Das Gremium des Schulverbandes Klausdorf-Knoop-Uhlenhorst beschloß 1909, einen Neubau neben dem bestehenden Schulhaus zu errichten, da die zweiklassige Schule in eine dreiklassige umgewandelt werden sollte. Im Neubau waren im Erdgeschoß zwei Klassenräume geplant und daneben eine Lehrerwohnung. Das neue Schulhaus wurde 1911 fertiggestellt und von Hauptlehrer H. H. B. Fahl eingeweiht. Dabei enthüllte er vor der Eingangstür eine weiße Tafel, für die er einen Spruch aus der Bibel (Epheser 5.9) ausgesucht hatte: 'Die Frucht des Geistes ist allerlei Gütigkeit und Gerechtigkeit und Wahrheit.' Während der Nationalsozialisten-Zeit soll dieser Spruch ersetzt worden sein durch ein Zitat von Hans Schemm: 'Dein größter Erzieher, deutsches Volk, heißt Adolf Hitler.' Als die Engländer 1945 nach Schleswig-Holstein einrückten, wurde diese weiße Tafel ganz schnell übermalt. Noch heute leuchtet uns diese Tafel spruchlos entgegen. Das Foto zeigt eine Postkarte von etwa 1930. Das Gebäude ist heute stärker eingegrünt, aber gut erkennbar.

72 Klausdorfer Straße 84.

Höhepunkt in jedem Schuljahr war das ganztägige Fest des Vogelschießens. Es fand jeweils im Juni vor den Sommerferien statt. Verschiedene altersgemäße Spiele für die kleineren und größeren Schüler wurden angeboten, wie zum Beispiel Sackhüpfen, Eierlaufen, Fischstechen, Dosenwerfen und für die größeren Jungen auch Kleinkaliberschießen. Von den kleineren und größeren Schülern wurden jeweils die besten am Vormittag ermittelt und zu Königspaaren gekürt. Am Nachmittag fand dann der Umzug durch das Dorf statt.

Vorneweg lief eine Jungenkapelle mit Trommlern und Pfeifern, wie es das Foto aus den zwanziger Jahren zeigt. Es folgten die Fahnenträger und die festlich gekleideten Schüler. Die Mädchen trugen weiße Schleifen und Kränze im Haar. Der Mittelpunkt dieses Triumphzuges war die geschmückte Kutsche mit dem kleinen und großen Königspaar, die auf dem Foto aber nicht sichtbar ist. Im Hintergrund liegt das heutige Wohnhaus der Schlosserei Linke.

73 Polterberg.

Die Postkarte entstand am Ende des 19. Jahrhunderts. Sie zeigt eine Partie des Schleswig-Holstein-Kanals an der Knooper Schleuse. Die Knooper Schleuse lag auf der Verlängerungsachse der Knooper Allee in Richtung Nord-Ostsee-Kanal. Der Fotograf stand vermutlich auf der Schleuse und richtete sein Objektiv auf die kreisförmige Erweiterung des Kanals, in der die Schiffe auf die Durchschleusung warten mußten. Da die Ausweichstelle östlich der Schleuse lag, zeigt die Blickrichtung nach Holtenau. Der helle Weg auf der linken Seite ist der Treidelpfad, der breiter gepflastert war, da hier Pferde die Schiffe an langen Leinen durch den Kanal zogen, wenn der Wind ungünstig stand. Auf der anderen Kanalseite zogen Schifferknechte ihre Fahrzeuge. Es bestand also eine korrekte Trennung der Zugkräfte für beide Treidelwege. Der Kanal war damals die kürzeste Wasserstraßenverbindung zwischen Nord- und Ostsee und der bedeutendste Kanalbau seiner Zeit. Der Kanal wurde in den Jahren 1777-1784 erbaut und folgte weitgehend den Flußbetten von Levensau und Eider. Wegen des Höhenunterschiedes von etwa 7 m mußten Schleusen den Wasserstand regulieren. Der Kanal hatte eine Spiegelbreite von etwa 30 m und eine Tiefe von 3,50 m. Diese Maße reichten damals für die gängigen Schiffstypen aus.

74 N-O-Kanal zwischen Gut Knoop - Levensauer Hochbrücke.

Der Schiffsverkehr zwischen Nord- und Ostsee wurde immer stärker und die Schiffe immer größer an Tonnagen, so daß ein neuer Kanal gebaut werden mußte. Unter preußischer Führung plante man einen leistungsfähigeren Kanal, dessen Grundsteinlegung 1887 durch Kaiser Wilhelm I erfolgte. Zu seiner Eröffnung 1895 kam Kaiser Wilhelm II nach Holtenau und gab dieser neuen Wasserstraße den Namen Kaiser-Wilhelm-Kanal. Die Ausmessungen des neuen Kanals übertrafen den alten um mehr als das Doppelte. Die Spiegelbreite betrug etwa 67 m und die Tiefe 9 m. Das Foto machte der Gutsbesitzer von Knoop Richard Hirschfeld 1910 von der Terrassenanlage des Herrenhauses aus, die rechts im Vordergrund noch sichtbar ist, in Richtung Westen zur Levensauer Hochbrücke, die im Hintergrund mit dem charakteristischen Bogen auf beiden Kanalseiten erkennbar ist.

75 Busch'sche Koppel.

Der Bau der Industriebahn Friedrichsort-Neuwittenbek mit Anschluß an die Hauptbahnstrecke Kiel-Eckernförde begann kurz vor dem Ersten Weltkrieg. Die Projektierung war 1913 abgeschlossen, die Bauausführung aber erst während des Krieges mit Gefangenen wie Engländern, Russen und Japanern durchgeführt. Bis 1918 war der Schienenweg von Neuwittenbek bis zur Stifter Au fertiggestellt. Nach dem Ersten Weltkrieg wurden die Arbeiten zum Weiterbau ab 1921 wieder aufgenommen und die gesamte Verbindung 1924 zuende geführt. Das Foto zeigt das 'Bahn-Lager' auf dem Flurstück Kronsberg – in der Bevölkerung bekannt durch die Diskussion um die Bebauung mit Rathaus und Sportplatz. Im Hintergrund erhebt sich der Stifter Wald. Vor uns liegen die verschiedenen Schuppen, in denen Loks, Loren, Werkzeug und Arbeitsgerät untergebracht waren. In den langgestreckten Baracken mit den vielen Fenstern schliefen die Arbeiter nachts. Über Lichtmasten wurde das Lager mit Elektrizität versorgt. Ab 1921 führte man schrittweise auch die Elektrizität im Dorf ein.

76 Dreilinden.

Auf der höchsten Erhebung im Nordosten der Gemeinde Altenholz lag auf 46 m Höhe eine Fortifikation, die im Zusammenhang mit anderen Befestigungsanlagen rund um die Kieler Förde als Verteidigungsanlagen der Küste und des Landes für den neuen Flottenstützpunkt Kiel am Ende des 19. Jahrhunderts erbaut wurden. Das Landverteidigungsfort Herwarth entstand in den Jahren 1887-1890 auf einem etwa 12 ha großen Areal. Es war bis zum Ende des Ersten Weltkrieges mit Soldaten belegt. Aufgrund des Versailler Vertrages mußte das Fort 1921 geschleift werden. Beim Abbruch erfuhren viele Steine eine Sekundärverwendung vom Bau von Häusern wie zum Beispiel beim 'Goldberg'. Die Steine waren auch als Ausbesserungsmaterial für den Straßenbau sehr willkommen. Das Foto zeigt den Beginn des Abbruchs. Das Geschütz ist schon von der Bettung – das ist die kegelförmige Erhebung in der Mitte – abmontiert. Auf der 'Schanz', wie das Fort im Volksmund hieß, errichtete die Wehrmacht 1935 eine Flugabwehr- und Küstenbatterie. Nach 1945 nutzten Flüchtlinge die Baracken zu Wohnzwecken. Nach Räumung des Barackenlagers Dreilinden etablierte sich dort sinnigerweise eine Firma, die Feuerwerkskörper für Silvester herstellt.